数据思维

从数据分析到商业价值

Data
Analytical
Thinking

王汉生◎编著

中国人民大学出版社

·北京·

序　一

与狗熊会的结缘始于五年前。2012 年，我在拉卡拉支付有限公司任集团高级副总裁，承蒙集团董事长兼总裁孙陶然先生和松禾资本厉伟先生的推荐，有幸考入北京大学光华管理学院就读工商管理硕士，在燕园结识了商学院多个领域的顶级专家和教授。

狗熊会的定位是致力于数据产业的高端智库。先和大家分享一下我和数据产业亲密接触的过程，或许和众多数据领域的创业者们有着一样的心路历程。

2015 年 1 月 5 日，中国人民银行印发《关于做好个人征信业务准备工作的通知》，要求八家机构做好个人征信业务的准备工作，考拉征信位列其中。受集团委托以及董事会任命，我出任考拉征信总裁。虽然我有十余年支付结算领域的工作经验，但是在个人征信方面几乎是一片空白，工作一时难有头绪。于是，在最初的几个月里，我把大部分时间和精力用于学习和交流。我陆续拜访了监管部门、征信业同行、金融机构以及多家大数据公司，发现三个问题：（1）很多机构对征信业务的方向、产品以及服务模式认识不清晰；（2）相当一部分大数据公司缺乏好的商业模式和盈利能力；（3）技术储备不足，数据统计模型设计普遍不强。前两个问题很难在短期内解决，需要在长期的市场实践中逐步清晰完善。唯有第三个问题或许可以尽快解决，那就是产学研相结合。于是我找到了熊大，也就是王汉生教授。王教授是北京大学光华管理学院统计与经济计量系主任，在国内统计和数据科学领域具有极高的知名度。双方合作由此展开，并成立了联合研究组。由王教授带领的狗熊会团队定期来到公司，双方的数据和模型团队联合作业，对多个产品和评分模型进行了长期深入的研究，成果显著。

2016年年底我投身于大数据领域的创业热潮。在机缘巧合下，受熊大的邀请有幸出任狗熊会CEO。此时狗熊会已经与近十家机构开展了联合研究工作，涵盖征信、广告、车联网、消费金融、证券、汽车等多个领域。同时，狗熊会微信公众号聚集了大量粉丝，其中70%是来自高校的老师和学生，30%是来自大数据企业的从业者。狗熊会团队出品的精品案例甚至已经走进课堂和企业内部的分享培训。

狗熊会的快速发展伴随着中国数据产业的蓬勃兴起，其使命是聚数据英才，助产业振兴。其文化内涵体现在三个方面：一是创造。首先是内容创造，无论是案例还是教材以及研究成果，始终坚持原创，均出自狗熊会成员的智慧。其次是价值创造，知识成果能够为合作伙伴带来数据价值和商业价值。二是分享。助力院校培养更多应用型的数据科学人才，帮助企业提升数据科学水平，共同分享育人的欣慰、科研的成果和智慧的结晶。三是陪伴。从点滴做起，或许是一个案例、一个模型，抑或是一本书、一堂课，还有可能是一个学科、一个专业，狗熊会将始终乐于与大家并肩而行，陪伴中国数据科学产业共同成长。

桃李不言，下自成蹊。欢迎数据科学领域的莘莘学子与从业者关注和加入狗熊会！

狗熊会 CEO 李广雨

序 二

我与王汉生教授相识于北京大学光华管理学院，作为共事多年的老同事，汉生对学术研究的执着、对教书育人的用心都给我留下了深刻印象，用"诲人不倦、古道热肠"来评价恰如其分。这些年，随着中国数据科学产业的蓬勃发展，汉生意识到数据科学人才的匮乏，遂发起成立了狗熊会，旨在聚数据英才，助产业振兴，在资本喧嚣繁华之下尤为难得。值其新书《数据思维》出版之际，汉生委托我写序。盛情难却，故将感慨之言以示支持。

2009 年，我有幸与几位小伙伴一起创立了一家大数据公司——百分点，身份也从一名大学教授转变成一个在商海中打拼的创业者，在大数据这个最热门的"风口"摸爬滚打七八年，接触几千家客户后感慨良多。中国经济经历了 30 多年的快速发展并取得了举世瞩目的成就，经济水平、市场规模、企业数量和质量都取得了飞跃式发展。但不可否认的是，在信息技术层面，我们是断层的，延续性也比较差，并未跟上国家的经济发展水平。西方国家能够比较容易从传统 IT 平稳延展到云计算、大数据，而我们在不同行业则呈现出千差万别的状况，我想这种情况跟思维有着密不可分的关系。

机械思维带来了工业革命，数据思维则引爆智能革命。传统机械思维的核心思想是确定性和因果关系，任何事情一旦发生，则必然会产生结果，一定有可用的模型来描述其发生的原因。而到了数据时代，这个世界正在变得越来越复杂，不确定性无处不在，强相关性则取代了过去的因果关系，数据中包含的信息以及数据之间的相关性则可以帮助我们消除不确定性。在中国大数据产业方兴未艾之际，需要更多人拥有数据思维，无论是政府机构的决策者、商业组织的管理者，还是普通员工、老百姓，都需要学习和了解数据思维。人们常说："思维决定命运。"对于即将到来的智能革命，将会是一个崭新的开始，大家都需要用数据思维来重新认识这个世界。相信汉生这本《数据思维》一定会给广大读者带来受益良多的启发。

王汉生教授也是百分点科学委员会的首席统计学家，在百分点的核心技术、产品研发、大数据项目中给予了大力帮助和支持。此外，百分点与狗熊会都意识到数据科学人才培养的重要性。近年来，百分点与狗熊会联合举办了多场数据科学培训活动，我们都希望涌现出更多的人才来推动国家数据科学产业的快速发展。

"21世纪什么最贵？人才！"电影中黎叔这句话道出了这个时代的真理。人才的培养，首先体现在思维上，思维跟不上，则永远跟不上。在大数据一线奋斗多年，让我尤其感叹大数据人才在各个行业中的匮乏，也深深明白汉生所做工作的意义和价值。但愿有更多的人能够读到这本《数据思维》，从而为自己开启一个不一样的新世界。

百分点集团董事长兼 CEO 苏萌

序 三

我非常荣幸地阅读了王汉生教授撰写的《数据思维》一书。我首先要祝贺汉生教授和他的团队狗熊会，感谢他们的卓越工作。当今，大数据和人工智能是两大最有活力的热点领域，而现代人工智能的发展本质上也是应数据而驱动。数据思维展示了观念的转换，从而推动了技术的突破。

汉生教授是著名的统计学家，他早年主要从事统计学的理论研究，后来重点关注产业界实际问题的数据分析。特别是近几年，他以敏锐的眼光抓住了学科发展的态势，组建了狗熊会团队。他们从业界中寻找数据科学的实际问题，并帮助业界寻找解决问题的可行途径，由此积累了一批翔实的数据分析案例，这夯实和丰富了数据学科的内涵。《数据思维》一书正是他们实践的总结，蕴涵了汉生教授对数据科学的思考和探索，也体现了汉生教授及狗熊会的时代使命和科学情怀。他们是"聚数据英才，助产业振兴"的践行者，他们的具体行动对"皇帝的新装"给出了最有力的鞭挞。

该书不是仅仅基于文献的总结，也不是基于数学公式的堆砌，而是利用作者自己完成的案例来对经典和现代的数据分析工具和方法进行重新认识。该书视角独特，语言活泼、风趣、幽默，处处闪烁着作者的思想光芒。我相信它将是一本非常好的数据科学通识读物，该书的出版对数据科学的普及和推广是及时的。我再次祝贺和感谢汉生教授！

北京大学数学学院教授张志华

前　言

　　市场上已经有那么多关于数据科学（或者大数据）的书了，为什么还要再写一本呢？这是一个很好的问题，我也问过自己八百遍。说老实话，有点稀里糊涂，有点说不清楚。直到有一天，狗熊会公众号（微信 ID：CluBear）上发了一篇题为《关于应用型高校"数据科学与大数据技术"专业建设的一些思考》的文章，探讨产业实践之于数据科学教育的重要性。文章发表后，一位热心读者的留言吸引了我的注意力。这位朋友的留言大意是产业实践可以通过参加类似 Kaggle 的数据建模比赛获得。支撑这个观点的一个原因是这种类型的比赛所使用的数据都来自真实的数据产业，有定义清晰的业务问题，所以，通过参加此类比赛，或者接受类似的训练，就可以获得不错的产业实践经验。但是，我的看法有所不同。我对数据产业实践的理解可能更丰富一些。

　　我认为数据产业实践的核心任务是：让数据产生价值。更准确地说，是在真实的产业环境中，让数据产生可被产品化的商业价值。这个商业价值是一个广义的商业价值，既包括企业的价值，也包括政府的价值。从这个角度看，数据产业实践至少涉及三个关键环节：数据业务定义（把一个具体业务问题定义成一个数据可分析问题）、数据分析与建模（描述统计、数据可视化、回归分析、机器学习)、数据业务实施(流程改造、产品设计、标准制定等)。这三个环节缺一不可。而各种数据建模比赛主要关注的是第二个环节(数据分析与建模)。对于第一个环节(数据业务定义)与第三个环节(数据业务实施)能够提供给大家的训练很少。原因很简单,第一个和第三个环节属于赛事主办方的思考范畴,不需要参赛者再操心。参赛者只要对第二个环节发力就可以了。当然,能够对第二个环节提供优质的训练,这仍然是非常值得称赞的事情。

带着对第二个环节无限的尊重,我想说,其实另外两个环节可能更加重要,而且极具挑战性。如果不能把一个业务问题(例如客户价值提升)定义成数据可分析问题,那么任何数据分析都是胡说八道。只有把业务问题准确定义成一个数据可分析问题,数据分析与建模才能有用武之地。最后,即使数据分析得再好、模型建立得再漂亮,如果无法落地成为可被执行的数据产品,那所有的努力也都是白费的。因此,从这个角度看,这两方面更加重要。而这就是狗熊会的核心理念,可能会和很多书籍文章中的看法有所不同。为了方便起见,我称之为朴素的数据价值观。

朴素的数据价值观认为,数据产业实践不是单纯的数据分析与建模,而是要在一个产业环境下,让数据产生价值。为此,前面提到的三个环节都非常重要,尤其是第一个和第三个。而写作本书的目的就是要同大家分享狗熊会朴素的数据价值观。

为了更好地分享,本书大量采用了狗熊会的精品案例。章节内容都是从狗熊会发布的精品案例的微信推文直接润色修改形成的。因此,这些内容继承了狗熊会精品案例的一些有趣的基因:(1)尽最大的努力把业务问题定义清晰;(2)尽最大的努力让数据分析与建模瞄准业务问题;(3)尽最大的努力让最终分析结果有产品化的可能。这三个基因也正好对应了数据产业实践的三个重要环节。为了增加阅读的趣味性,所有案例的写作风格都诙谐幽默,但努力不失科学的严谨。当然,由于各个案例的作者不尽相同,不同章节的写作风格也有所不同,这可能会在一定程度上影响阅读体验，对此，我表示深深的歉意，请大家原谅。同时为了方便读者利用碎片化时间进行阅读，所有案例之间基本上互相独立，因此，大量章节可以独立阅读，而不受制于前后内容的逻辑顺序。此外，特别值得强调的是，为了降低阅读难度，本书几乎不涉及任何数学符号和计算机代码。但是，这并不代表这些案例是虚构的或者肤浅的。事实上，狗熊会精品案例的生产是一个非常艰辛的过程。一个非常有经验的精品案例 Leader，带领自己的团队，一年最多生产 5 个精品案例。不敢说这些案例多么了不起，但确实是创作团队的心血之作。

在内容组织方面，本书从基本理念入手，按照不同的数据分析方法，由浅入深，组织成不同的章节。其中，第一章系统阐述狗熊会朴素的数据价值观。第二章对经典的统计图表做了系统幽默的阐述。其原型来自狗熊会公号的"丑图百讲"系列。第三章系统阐述我们对于回归分析的理解。在"道"的层面，回归分析是一种重要的思想，是一种将业务问题定义成数据可分析问题的能力；而在"术"的层面，回归分析才是我们常见的各种模型。第四章主要讨论传统的机器学习方法，以及最近很火爆的深度学习。最后一章分享了狗熊会这些年来积累的众多非结构化数据分析的有趣案例，其中涉及中文文本、网络结构、图像分析等不同领域。

本书由狗熊会的核心创作团队，在熊大的"压迫剥削"下，齐心协力，经过多次讨论、修改而成。参与创作的成员有（按姓名拼音排序）：常象宇（政委）、陈昱（昱姐）、黄丹阳（小丫）、刘婧媛（媛子）、罗荣华（康爸）、潘蕊（水妈）、王菲菲（灰灰）、王汉生（熊大）、周静（静静）、朱雪宁（布丁）。创作团队付出了巨大的心血和努力。其中特别要感谢两位朋友：一位是百分点集团的董事长兼 CEO 苏萌博士，是他的启发与鼓励坚定了我们写作的决心；另一位是中国人民大学出版社的李文重编辑，他为书稿的形成付出了巨大的努力，帮助本书选择书名、安排章节、修改文字。大家为什么愿意做出如此辛苦的努力与付出呢？我想都是基于狗熊会的理念：聚数据英才，助产业振兴。这是狗熊会从创立之初到现在从未改变的理念。

- 聚数据英才说明狗熊会关注数据科学相关的基础教育，并愿意为之付出卓绝的努力。狗熊会希望通过提供优质的教育素材，帮助年轻人成长，享受数据分析的快乐，而不是痛苦，并在这个过程中实现个人职业的幸福成长。

- 助产业振兴说明狗熊会看重产业实践，并认为这才是产生数据科学知识的唯一源泉。狗熊会立志要通过自己微薄的努力，陪伴数据产业一起成长。狗熊会感激每一位曾经合作过的企业伙伴，是他们的鼓励支持让狗熊会站在了中国数据产业实践的第一线，并因此产生了接地气的研究课题，以及高质量的教学产品。

另外，本书中的引用的图片除特别标注的之外均来自网络，鉴于编者在引用这些图片时无法获知原创作者及出处，在此统一对原创作者表示感谢。

最后，把本书献给所有培养过我们的老师，谢谢你们的辛苦栽培。献给我们所有的企业合作伙伴，站在你们的肩膀上，才能看得更远。献给我们的学生，是你们渴望知识的双眼，还有那最美丽的青春年华，让我们重任在肩。献给我们的家人，感谢你们的理解支持，我们才能够努力拼搏，一往无前。祝福我国的数据产业，祝福数据科学教育事业，愿它的每一天都更加美好。祝福狗熊会，愿有更多志同道合的小伙伴，跟我们一起拼搏，"熊"赳赳向前！由于本书写作仓促，疏漏之处难免，请大家多多批评指正！

王汉生（熊大）

狗熊会简介

前言中提到,本书是狗熊会(微信 ID:CluBear)的核心创作集体创作的。相信很多朋友对狗熊会并不了解,因此需要简单向大家介绍一下狗熊会。这是一个什么样的组织?它的名字是怎么来的?它的定位和使命是什么?

几年前,我在美国的一所大学的统计系访问一位很杰出的统计学家。期间我能够比较近距离地观察他的研究团队,那是一个非常棒的、跨学科的科学家团队。我从中学到了很多东西,受到很多的启发。其中最重要的启发就是:也许未来的统计学研究,或者数据科学研究,会跟工程类学科越来越相似。单打独斗,是没有前途的,需要"打群架"才行!因此需要一个强大的、多学科、相互支撑的团队。为此,我下了一个决心:回国后也要好好组织一个强有力的研究团队。要彻底改变过去"小分队作战"的风格,转为"集团军联合作战"。想想当时还是非常兴奋的!

但是,回国以后,这个"集团军"到底应该怎么组织?我没有经验,因此一头雾水,毫无想法。正在这个时候,微信群开始流行起来。于是,我把学生,还有数据领域相关的朋友,整合在一个微信群里,大家经常东拉西扯,也聊和数据相关的话题。这时,问题来了,这个微信群取个什么名字呢？我想了好久，决定叫"大数据讨论班"。结果没多久，统计之都论坛的二代目魏太云同学就跳出来说："王老师，这个名字太土了。"原话我记不得了，大意就是：现在啊，到处都在说大数据，但大数据是啥？有清晰、统一的定义吗？还有什么不是大数据吗？这个名字太 low 了！想想也是，于是我说："那请你给取个名字呗！"太云同学估计受武侠小说荼毒不浅，笑着说："王老师，咱们叫'英雄会'怎么样？"我听了，差点没晕过去！这个名字不是更土吗？还英雄会？谁认为我们是英雄啊？我觉得"狗熊会"还差不多！

当时，就是一句逗乐的气话。结果过了几周，我自己也没想出更好的名字来。相反，我越来越觉得"狗熊会"这个名字挺好。狗熊多可爱啊，很多动画片的主角都是狗熊：小熊维尼就是一只熊；《熊出没》里的熊大、熊二也是熊；还有《奇幻森林》里也有一只非常可爱的熊。于是，我在微信群里说了一下这个想法，没想到没人反对！"狗熊会"就这样叫开了，一直延用到现在的微信公众号。由于本书大量的原始素材（例如，原文、音频、数据、程序）都在微信公众号上。因此，要充分享受本书的乐趣，请大家关注狗熊会公众号（ID：CluBear），或者直接扫描二维码。

其实当时也没有什么特别的想法，就是觉得好玩。接下来，意想不到的事情发生了！我意外地发现，"狗熊会"的品牌传播效果出奇得好。为什么？因为这个名字太奇葩了，人们忍不住要问：狗熊会是什么？为什么

要取这么一个奇葩的名字？这名字跟数据分析有什么关系呢？就是这一问一答的过程，让很多朋友记住了这个名字。因此，"狗熊会"成了我们团队的称号，也成了我特别珍惜的品牌。从此在数据的江湖上，王老师开始以"熊大"自称。

作为一个高大上的品牌，狗熊会需要一个自己的 logo。在我的百般恳求下，我家小朋友用铅笔在素描纸上，画了一个大大的熊脑袋。他画出了小朋友心中憨态可掬的熊大。这张草图后来在一位名为冯璟烁的大朋友的帮助下，去掉了一些不必要的线条和背景，再无任何其他修改，成为了狗熊会的 logo。我对这个 logo 超级满意！他画出了我心中狗熊那种傻傻的但是很可爱的样子！这个 logo 也时刻提醒我两件事情：第一，傻傻的狗熊提醒我自己是无知的——对这个世界，对数据相关的学科，自己都是无知的，要保持好奇心，督促自己持续学习。第二，可爱的狗熊提醒我要善良、要快乐，为这个社会多创造一点欢乐的正能量。这两点构成了狗熊会的品牌内涵。

如今的狗熊会是一个致力于数据产业的高端智库。狗熊会帮助合作伙伴制定数据战略，培养数据人才，研究数据业务，发现数据价值，推动产业进步！狗熊会给自己确定的使命是：聚数据英才，助产业振兴！

第一，聚数据英才。这说明狗熊会关注数据科学基础教育，希望通过生产优质的数据科学科普教育内容（例如本书），提供卓越的研究、实践、就业机会，帮助相关专业的老师、同学、从业者，充分享受数据分析的快乐，促进个人职业的终身幸福与成长。

第二，助产业振兴。狗熊会认为优质的数据科学教育一定不能脱离数据产业实践。狗熊会的任务就是通过联合研究、高端咨询等多种形式，陪伴中国的数据产业一起成长。在此过程中，通过多种形式（例如本书），致力成为连接产学研的桥梁。

温馨提醒：进入狗熊会公众号（CluBear）输入文字："前世今生"，听熊大音频！

目　录

CONTENTS

大数据时代之"皇帝的新装"

　　安徒生有一部伟大的作品——《皇帝的新装》。作品中反映出的世人的虚伪、虚荣、贪念，世世代代都存在。反思这部伟大的作品，小处可以检讨自己的利益取舍，大处可以看看现在热闹非凡的大数据时代。下面以一个独特的视角，审视当前的大数据时代是不是正穿着"皇帝的新装"。

图 0-1

　　很久很久以前，有一位可爱的皇帝，他掌管着一个巨大的传统企业，专业卖豆浆。业务靠谱，收入稳定，每个员工臣民都过得幸福安康！

但是，大数据时代到来了，王国内外大数据的狂风一阵阵刮过，吹得皇帝的企业王国摇摇晃晃。终于有一天，这位皇帝坐不住了。为了能让自己的企业王国在数据产业的世界里看起来漂亮一些，他决定不惜花费巨额的资金和宝贵的时间，做大数据转型。

但遗憾的是，他既不关心数据业务，也不关注数据技术，更不会对某一个垂直数据行业做深入研究。如果偶尔搞一个大数据"新款服饰发布会"，那也无非是为了炫耀一下他的"新衣服"，好在数据产业的世界里占一个坑。

他每天都要换一套新衣服。这些衣服有数据挖掘、机器学习、大数据、深度学习，还有最近特别流行的人工智能。但是，其实没有一套衣服他是真心研究过的，没有一套衣服他是真心明了的。

只要他一开口，真正的时装设计师就会知道，他对（例如）机器学习，其实狗屁不通。但是，人们提到他的时候总是说："皇帝在更衣室里，正在制定新的大数据战略呢！"

图 0-2

有一天，来了两个大数据"砖家"，尤其擅长 4V（volume：数据量特别大；variety：形式多样化；velocity：速度特别快；veracity：数据要真实）。据说，他们能做出人间最牛的数据分析、超级炫酷的可视化呈现，相关数据产品不仅色彩和图案都分外美观，而且让你脑洞大开。在他们面前，没有解决不了的数据问题！

这主要得益于他们奇葩的理论框架。这个框架认为：简单数据的简单分析是统计分析，而复杂数据的复杂分析是深度学习。而且他们的大数据产品还有一种奇怪的特性：任何不称职的甲方客户，愚蠢的、不可救药的投资人，或者笨蛋小数据统计学教授，都无法体会他们大数据思想的美妙。"那真是理想的衣服！"皇帝心里想，"非常符合我的大数据战略梦想！要知道，昨天我穿的机器学习已经过时了，隔壁老王对此非常鄙视呢。对了，我今天炫耀的深度学习也腻歪了，明天穿啥呢？噢，人工智能。但是，无论这些衣服如何炫酷，似乎都没法跟他们的衣服比啊！"

"穿了这样的衣服，就可以看出在我的企业王国里哪些人不称职；就可以辨别出哪些是聪明客户，哪些是傻瓜投资人，还有哪些是简单数据简单统计的笨蛋教授。是的，我要叫他们马上为我织出这样的布来。"于是他付了许多钱给这两个"砖家"，好让他们马上开始工作。

图 0 - 3

两位"砖家"摆出两架织布机，一架叫皇家新装大数据派对；另一架叫皇家新装大数据秀场。把两架织布机放在一起叫皇家新装大数据高档会所！可是，他们的织布机上连一点东西的影子也没有。他们的织布机上首先缺乏的是能够产生价值的具体业务——要知道这可是数据织布的基本原材料啊。他们的织布机旁也没有帮手——要知道，织一匹最棒的数据布料，没有靠谱的数据人才，怎么可能呢？

但是，他们急迫地请求发给他们一些最细的生丝、最棒的办公室，还有最多的金子。他们把这些东西都装进自己的腰包，只在那两架空织布机上忙忙碌碌，直到深夜。

"我倒很想知道布料究竟织得怎样了。"皇帝想。不过，想起凡是愚蠢的甲方客户、不称职的投资人，还有愚蠢的教授都看不见这块布，皇帝心里的确感到不大自然。他相信自己是无须害怕的，但仍然觉得先派一个人去看看工作的进展情形比较妥当。"我要派我诚实的老大臣，我的技术副总裁，到'砖家'那儿去。"皇帝想，"他最能看出这布料是什么样子，因为他是我的技术副总裁，专业上最靠谱，很有理智，就称职这点来说，谁也不及他。"

这位善良的老大臣来到那两个"砖家"的屋子里，看见他们正在空的织布机上忙碌地工作。"愿上帝可怜我吧！"老大臣想，他把眼睛睁得特别大，"我什么东西也没有看见！"但是他没敢把这句话说出口。那两个"砖家"请他走近一点，同时指着那两架空织布机，问他深度学习的花纹是不是很美丽，人工智能的色彩是不是很漂亮，还有那机器学习的风格是不是非常符合数据挖掘的特点。可怜的老大臣眼睛越睁越大，仍然看不见什么东西。他过去习惯于完成一个具体项目开发部署，有确切可见的业务价值，并且可以通过一些指标测量。

但是，当这两个"砖家"将一堆时髦的专业大数据词汇向他砸过来的时候，他懵了。他全然不知道应该如何应答，更不知道一个诚实的应答是否会让自己显得很蠢。对了，听说皇帝最近正在全宇宙招聘"懂大数据"的首席数据官（Chief Data Officer，CDO），这可不妙，他有可能"下课"

呢。他绝对不能露怯,至少为大数据唱赞歌,皇帝肯定会开心。于是,技术副总裁说道:"哎呀,美极了!真是美极了!"他一边说,一边从他的眼镜里仔细地看,"这数据量多大啊,多么异构啊!这人工智能的花纹多美丽啊!这深度学习的色彩太惊艳了!这跟我见过的谷歌大数据、IBM 大数据都太像了!是的,我将要呈报皇帝,我对这布料非常满意。""嗯,我们听了非常高兴。"两个"砖家"齐声说。

于是他们就把色彩和稀有的花纹描述了一番,还加上些专业名词,尤其是 4V,叮嘱老大臣一定要牢记在心。老大臣全神贯注地听着,以便回到皇帝那儿可以照样背出来。事实上他也这样做了,他至少背出了 4V!

图 0-4

这两个"砖家"又要了更多的生丝和金子,说是为了织布的需要。他们把这些东西全装进了腰包。

过了不久,皇帝又派出了另一位诚实的官员——负责市场的副总裁。这位官员的运气并不比头一位好:他看了又看,但是那两架空织布机上什么也没有,他什么东西也看不出来。但是他想,我一个市场副总裁,如果被人数落不懂大数据,这可太没面子了,以后怎么做市场啊?如何管理公共关系?会不会在销售的兄弟面前露怯?不!这绝对不能发生!保险一点，还是说自己懂吧，这至少能让皇帝开心。他就把他完全没看见的布称赞了一番，同时保证说，他对这些美丽的色彩和巧妙的花纹感到很满意。"是的，那真是太美了！"他对皇帝说，他也准确地背出了4V！

现在数据城里所有的人都在谈论着这美丽的布料。皇帝很想亲自去看一次。他圈定了一群特别随员，其中包括已经去看过的那两位诚实的大臣。"您看这布华丽不华丽？"那两位诚实的官员说，"陛下请看，多么美的多源异构的花纹，像谷歌不？多么美的数据挖掘色彩，像IBM不？"他们指着那架空织布机，他们相信别人一定看得见布料。

"这是怎么一回事呢？"皇帝心里想，"我什么也没有看见！这可骇人听闻了。难道我是一个愚蠢的人吗？难道我不够资格当皇帝吗？这可是最可怕的事情了，绝对不能让别人知道！"

"哎呀，真是美极了！"皇帝说，"这是我见过的最美妙的大数据战略，对我们这样的传统行业更是非常准确。我十分满意！"于是他点头表示满意。他仔细地看着织布机，不愿说出什么也没看到。

图 0-5

跟着他来的全体随员也仔细地看了又看，可是他们也没比别人看到更多的东西。他们像皇帝一样，也说："哎呀，真是美极了，完全达到了4V

的境界!"他们向皇帝建议,用这新的、美丽的布料做成衣服,穿着这衣服去参加快要举行的产品发布会,并作为下年度的重点产品向所有客户强力销售。"这布料是华丽的!精致的!举世无双的!"每个人都随声附和,每个人都有说不出的快乐。

皇帝赐给"砖家""御聘大数据'砖家'"的头衔,封他们为爵士,并授予他们一枚可以挂在扣眼上的勋章。

图 0-6

第二天早上,新产品发布会就要开始了,众人期待的游行大典就要举行了。皇帝穿上用这布料做出的美丽新衣,开始了他的产品发布会。

站在街上的客户、投资人,还有傻傻的教授们都说:"乖乖!皇上的新装真是漂亮!这款大数据产品太炫酷了!瞧瞧那 4V 真合他的身材!"谁也不愿意让人知道自己什么也没看见,因为这样就会显出自己对大数据一窍不通,显得自己落后不称职,或是太愚蠢。皇帝所有的衣服从来没有获得过这样高的称赞。

终于,一个小白客户忍不住了,小声地、怯怯地问了一句:"他好像什么也没穿啊?这样的数据产品我为什么要买呢?买了对我有什么用啊?对我提高收入有用吗?对我控制成本有用吗?对我降低风险有用吗?什么用也没有啊,还不如我家的 Excel!这不是骗钱吗?"

不说不要紧,小白一说,钱多人傻的大客户们也开始嘀咕:"这高大

图 0 - 7

上的新衣，对我家的业务真的有用吗？我怎么缺乏信心呢！"傻傻附和的教授们也开始嘀咕："皇帝的新衣是不是太高大上了啊？真心不懂啊！""他实在没穿什么衣服呀！"最后所有的百姓都这么说。

皇帝有点儿发抖，因为他觉得百姓们的话似乎是真的。不过，他的资源已经投入了，时间已经消耗了，他不想再失去在臣民面前最后一丝仅存的尊严，他不想在投资人面前更难堪。于是，他想："我必须把这游行大典举行完毕。"

于是他摆出一副更骄傲的样子。他的大臣们跟在后面，手中托着一条在风中摇曳的大数据"时带"……

温馨提醒：进入狗熊会公众号（CluBear）输入文字："新衣"，听熊大音频！

朴素的数据价值观

都说今天是数据的时代，到处都在讨论大数据，每个人都说自己在研究大数据，到处都宣称数据可以产生价值，但是，到底什么是数据？什么又是价值？如何实现从数据到价值的转换？其背后的基本方法论是什么呢？熊大通过带领团队多年、填坑无数的经验教训，最终形成了一个相对完整的理论框架，即**朴素的数据价值观**。

什么是数据？

什么是数据？这个看似简单的问题却不易回答。我们可以尝试向不同的人请教，相信会得到很多不同的答案。

常见的答案有两个：一是数据就是信息。这对吗？完全正确。但这个定义太抽象了。数据和信息都是非常抽象的概念，两者的相互定义，并不令人满意。二是数据就是数字。这对吗？有一定的道理，因为数字是一种最典型的传统数据。例如，GDP，股市的指数，人的身高、体重、血压等，都是数字，也都是数据。因此，我们可以得出其实数字就是数据。但是反过来，数据就是数字吗？未必。

熊大认为，凡是可以电子化记录的其实都是数据。这里的记录不是靠自然人的大脑，而是通过必要的信息化技术和电子化手段。基于此，数据的范畴就大得多了，远不局限于数字。既然涉及电子化记录，就要谈谈记录数据的技术手段。手机、数码相机、各种工程设备上的探头等，都是记录的技术手段。但这些手段是有时代特征的，不同时代所能够提供的记录的技术手段是不一样的。这就是熊大的**数据时代观**。

问：声音是数据吗？

在很久很久以前，声音并不是数据。因为当时没有任何技术手段能够把它记录下来。既然不能记录下来，更谈不上分析，怎么说它是数据呢？但是今天，音频设备可以采集声音，然后转化为音频数字信号，进而支撑很多有趣的应用，比如 iPhone 的 Siri、搜狗的语音输入法、微信的语音翻译，等等。由此可见，在可以记录声音的时代，声音是一种数据，而且是一种具有强烈时代特征的数据。

问：图像是数据吗？

在很久很久以前，图像也不是数据，因为记录不下来。图像只能是人们肉眼中看到的这个大千世界，如此美妙！但遗憾的是，只是过眼云烟，转瞬即逝，没法记录。今天就不一样了，数码成像技术的成熟让所有的图像都能够记录下来，而且分辨率非常高。在此基础上，人们可以做进一步的分析和建模，进而支撑很多有趣的应用。例如，脸部识别、指纹识别、车牌号识别、美图秀秀，还有医学中大量的医学影像分析。由此可见，在可以记录图像的时代，图像也是一种数据，而且是一种具有强烈时代特征的数据。

类似的例子还有很多。例如，生物信息技术的进步产生了 Microarray 数据，社交网络的兴起产生了社交链数据，物联网技术的成熟产生了车联网数据。所有这些都是电子化的记录，都是数据。所有这些数据的产生都依赖于一定的技术手段，都有强烈的时代特征。因此，科学研究和商业实践也许可以尝试着思考：第一，在当前以及未来可见的时间内，数据采集的基础技术是否会有一些突破性的变革？如果有，这些变革会发生在哪些方向上？进而带来哪些新的数据？第二，通过对这些新的数据进行分析，能够回答哪些之前不能回答的重大科学问题？是否可以产生一些增量的商业价值？

温馨提醒： 进入狗熊会公众号（CluBear）输入文字："数据"，听熊大音频！

数据的商业价值

明白了什么是数据，下面讨论数据的商业价值。不要以为这个问题很简单，只有"填过坑"的小伙伴，才知道这个问题的重要性。只有说清楚了数据的商业价值，客户才容易为数据买单，数据企业才容易产生利润，数据产业中才不会有那么多的困惑。

商业价值三要素

先来思考以下问题：第一，企业靠什么活着？答：收入！即使没有现在的收入，也得有未来可预期的收入。第二，企业为了获得收入，需要做什么？答：支出。支出包括方方面面，如人力、物力、时间、空间等。收入减去支出，就是利润。但是，在资本当道的今天，利润可以暂时是负的，没有问题，因为很多利润为负的企业的估值都非常高。究其原因是大家看好企业未来的利润。第三，没有任何企业对自己未来的收入和支出是100％确定的，因为这里面有很大的不确定性，而不确定性带来的是什么？答：风险。而且企业可能还会涉及一些重大的风险，这些风险所导致的损失是很难用货币计量的。例如，桥梁倒塌、锅炉爆炸。这就是熊大关于数据的商业价值理论框架的三个关键词：收入、支出、风险。任何数据产品，如果可以帮助客户，在这三个方面中的任何一个方面实现可量化的改进，那么这个数据的商业价值就比较容易说清楚，否则非常困难。

收入

从一个数据从业者的角度，可以先检讨一下，你的数据产品能否为客户带来额外的收入。请注意，是"额外"。

例1-1　50碗豆浆的价值

假如客户是卖豆浆的，以前没用你的数据分析，他每天卖100碗。用了你的数据分析后，每天能卖多少呢？如果还是100碗，那么数据分析的价值在哪里？如果是150碗，那么你的价值就体现出来了。这个价值的大小就是额外的50碗豆浆！作为数据分析服务的提供者，是否就可以将这50碗豆浆作为基准进行收费了？

例1-2　最理想的额外收入——新兴市场

最理想的额外收入应该是什么？熊大认为是新兴市场。例如，"五一"小长假，大家要开车出去玩，堵车是必然的，那么能否出一个堵车险？每堵车1分钟，保险公司给你赔付1块钱，补偿一下你那郁闷的心情。看似不错的主意，保险公司为什么不做呢？因为传统的保险公司没有技术手段可以实时监控一辆车的状态。它不知道你是否堵车，更不知道你堵了多久。但是，有了车联网数据，这个故事就改变了。新兴的车联网数据，催生了一种全新的保险产品，带来了一个纯粹增量的新兴市场。

例1-3　百度付费搜索广告

为什么很多广告主对百度的付费搜索广告非常依赖？因为百度的付费搜索广告确实为他们带来了收入的增加。为什么百度可以做到这点？一个最基本的原因是，通过对用户搜索数据的深入分析，理解用户意图，进行精准匹配。所以，对于诸如医疗、教育、电商等行业而言，百度的广告投入能够直接带来销售收入。这就是数据分析的价值：收入！

支出

有朋友说，我们的数据分析距离市场销售端有点远，不能给客户直接增加收入，但是，能给客户节约不必要的支出，也就是成本，你看这样行吗？当然行啊，而且更好！为什么？因为收入的增加往往具有很强的不确定性，但是成本却在自己的预算控制范围内，相对而言更具可控性。

前文提到要开辟一个新兴的堵车保险市场，但是这个新兴的市场到底能带来多少额外的收入呢？非常不确定。再比如说，超市现有 100 个收银员，但是通过技术改造，数据分析，合理排班，发现 80 个就可以了。直接节省了 20 个收银员的人工成本，这是非常确定的事情。因此，如果数据分析可以节省支出，那更好，因为更靠谱、可控性更强！

例 1-4 呼叫中心运营改进

呼叫中心最重要的成本是什么？人工坐席成本。如果通过数据分析可以精确把握电话呼入量的规律，就可以合理安排坐席。其中，包括应该安排多少全职坐席、多少兼职坐席。为此，数据分析可以通过研究电话呼入量与星期几的关系、与一天中时间段的关系、与企业重大市场行为的关系，甚至与天气状况、空气污染之间的关系来解决这个问题。如果技术进一步提高，可以通过准确的语音数据分析理解客户意图。那么，这能带来多大的成本节省？是不是人工坐席成本就可以被彻底省略了？这就是数据分析带来的价值。

例 1-5 开关车窗电机的设计寿命

我们绝大多数汽车制造的技术标准都是来自欧美国家。这些制造标准都是为欧美的消费者建立的，虽然适合他们的驾乘习惯，却未必适合我们。例如，鉴于国内空气污染的严峻现实，北京司机每天开车窗的次数很少，熊大可能好多天都不开一次。有数据分析表明，平均而言，一个司机一年也就开关车窗 1 000 次左右（平均一天 3 次）。假设一辆车的设计寿命是 10 年，那么在车的整个使用生命周期内，也就需要开关车窗 10 000 次。保守起见，我们再增加一个量级，那就是 10 万次。也就是说，从设计的角度，我们只需要一个能够承受 10 万次开关车窗的电机就可以了。但是，我们的实际设计标准可能是 50 万次，这是一个多么巨大的设计浪费。中国汽车的产量有多大呢？以上海汽车为例，根据 2016 年不准确数字，集团整体产量大概是 600 万辆！还有很多其他汽车制造商。深入的数据分析能够带来多少成本的节省？

例 1-6　电视视频接口的调整

我有一次参加一家企业的融资发布会，正巧坐在旁边的朋友来自一家国内领先的电视机制造企业，他分享了一个非常有趣的数据价值案例。以前电视机制造出来售卖给消费者后，制造商同消费者之间的关系就中断了，因此，制造商并不非常明确消费者是如何使用电视机的。不过，现在有了物联网技术，制造商可以慢慢地了解消费者的习惯了。例如，他们发现某一款电视机的用户中，只有大概 1% 的用户还在使用那种非常老式的、梯形的 VGA 视频接口。那么，只有这么少的用户在使用这个接口，是否还需要生产、制造、安装这个接口呢？基本不需要。于是在后来批次的电视机生产中，这个接口就被取消了。仅此一项，为企业每年节省的成本有多少？上亿元！这就是数据分析带来的价值。

例 1-7　电视机遥控器的改良

如今的电视机遥控器设计得十分复杂，按钮数量繁多，但是我们会使用其中的几个呢？熊大自己看电视，就只需要电源开关，以及频道的

"十"和"一"，可能还需要一个音量键。其他的按键几乎不用。那么这种设计是不是冗余的？成本是不是可以节省？恐怕不好回答。因为制造商并不明了熊大这样的用户有多少？是非常有代表性，还是有一定代表性但代表性不强，又或者完全没有代表性？类似地，我们还可以检讨，电脑上需要那么多 USB 接口吗？或者是不够用？现在的台式机、笔记本还需要光驱吗？以前我们很难做这样的决策，因为我们不知道用户如何使用这些设备。但是，现在物联网的兴起让这样的数据分析正在变成现实，这就是物联网数据的商业价值所在。我们期待物联网技术进一步成熟的明天，会给我们带来新的启发，带来更好的设计、更低的成本。

风险

还有朋友说，我的数据产品第一不能增加收入，第二不能直接节省成本，但是可以控制风险，这样的数据有商业价值吗？当然有。事实上，风险的度量有两种情况：第一种情况是风险根本没办法通过货币度量，是独立于收入或者支出的另外一个维度；第二种情况是风险就是连接收入和支出的一个转化器。对风险的把控，或者可以增加收入，或者可以降低成本。

对第一种情况而言，风险可能是人的健康甚至生命。如果有任何一种数据分析，能够改善人们的健康状况，甚至可以挽救生命，它的价值恐怕是不可想象的。从这个角度看，凡是同医疗、健康、生命保障相关的数据分析，都是值得关注的。例如，如果有一种可穿戴设备能够在无创伤的情况下，测量各种血液指标（如血糖），这会为众多的糖尿病患者带来什么样的福音？又例如，通过对人类基因组的数据分析，找到同某种致命癌症强相关的基因，这能否改变病人未来的命运？它的价值又如何？

除了人以外，重大设施设备的风险恐怕也是我们不愿意承担的。如果一座桥梁坍塌，会失去多少生命？一个发射塔发生故障，会不会带来社会的恐慌？一个发电锅炉爆炸，会造成多大的损失？这些都不容易通过货币衡量。但有一点可以确定的是，这都是人们不愿意接受的风险。如果通过数据分析，时刻监控桥梁的状况，及时维修保养，那桥梁坍塌的概率就非常小。如果通过数据分析，及时了解发射塔的工作状况，也许它每年的故障率就会有显著的下降。如果通过探头数据，完全把握发电锅炉的运行状态，就可以避免锅炉爆炸的风险。这就是数据分析带来的价值。

再研究第二种情况。对于这种情况而言，风险同收入和支出之间是可以相互转化的。例如，很多商业银行都有网上申请系统，允许用户通过互联网直接申请信用卡或者其他金融信贷产品。为什么要在网上做？因为流量大、成本低、效率高，但缺点是风险比较大，而且有些通过线下面签才能提供的材料无法获得。怎么办？那就只能提高在线申请的门槛，降低通过率。这样做的优点是什么？安全，把坏人拦在外面，而缺点是"错杀"了很多好人。而好人之于银行就是客户，就是收入。为什么会错杀好人？因为不了解他们，缺乏信任，无法实现风险管控。这是一件非常遗憾的事情。那么机会来了，如果你能够为这家银行提供独特的数据分析，帮助它更加准确地区分哪些线上申请者是好人，哪些是坏人，银行就可以放心大胆地给更多的人发卡放贷，进而增加收入。这样的数据分析，谁能否认它的价值呢？那么这样的价值是如何实现的？主要是通过把控风险提高收入。同时，因为风险把控做得好，坏账率就低，因此还节省了催收成本。这给我们的启示是，对风险的把控还可以转化为对支出的节省。难怪有从业者说，对于消费金融企业而言，风险把控部门做的不仅仅是风险把控，同时还是市场，还是销售。因为风险敞口的控制直接影响市场和销售收入。这样的数据价值是否清晰？所以数据商业价值的第三个关键词是：风险！

政府价值

目前所有的讨论都是偏向企业的。这似乎忽略了数据产业的另外一个极其重要的参与者：政府。政府一方面制定市场规则，另一方面还掌握着巨大的数据资源（公安、通信、医疗等），以及预算。政府的重大决策也非常需要数据的支持。那么，数据之于政府的价值又如何体现呢？非常有趣的是，这个问题似乎也可以从收入、支出、风险三个要素考虑。但是，面向的对象主要不是政府自己，更多的是每一个公民。通俗地讲，如果数据分析能够帮助政府更好地服务社会，让普通公民的收入有所增加，支出有所降低，风险有所规避，这就是数据之于政府的价值。

公民收入

从政府的角度看，哪些方面关乎普通公民的收入呢？例如，增加就业，降低税负，提高福利等，都同增加普通公民的收入相关。更具体地说，比如，通过对招聘广告的文本分析，可以洞察市场需求，并提供相应的教育培训机会，就有可能增加就业，带动 GDP。狗熊会媛子小分队曾经做过一个案例，通过对大量招聘广告的文本语义分析，解读市场对各种工作经验的需求，对各种分析技能的渴望，以及在最终薪酬上的表达。通过数据分析，可以量化 BAT 这样大型互联网公司工作经验在薪酬上的表达；通过数据分析，可以理解产品经理工作年限在薪酬上的体现；通过数据分析，可以理解数据分析师应该具备什么样的编程技巧（如 R，python），最好具备什么样的大数据计算能力（如 Hadoop, Spark），以及这些专业技能在薪酬上的反映。通过诸如此类的数据分析可以了解市场需要什么样的数据分析人才。从政府的角度，这样的信息对于设计相关学科的发展规划意义重大。相关合理的决策会带来普通公民就业率的增加，进而带来收入的增加。

公民支出

数据分析能否帮助政府科学决策，进而降低普通公民的成本？答：可以。以医保为例，大量的公共资金聚集在一起，但是它的使用效率是否足够高呢？是否还有改进空间？是否存在一定数量的骗保行为？这是非常重要的，因为骗保行为损害的是所有参与医保计划公民的公共利益。骗保行为所带来的后果是公共医疗成本不必要的提高。那么能否通过数据分析将这些骗保行为人自动识别出来，并施以相应的惩罚教育措施呢？再考虑医院，能否通过对医院的各种收入、支出的数据分析，理解普通群众看病贵的根本原因在哪里？昂贵医疗费用所产生的收入到底去了哪些地方？能否进行相关的制度建设？这不仅可以节省群众的医疗成本（节省费用），同时还能增加优秀医生的实际收入（增加收入）。

公民风险

数据分析能否帮助政府进行科学决策，降低普通群众的风险呢？答：可以。任何一个国家的政府所能够支配的社会安全保障资源（如公安民警）是有限的。如何通过对有限的公共安全资源的合理利用，尽可能地保障群众的生命财产安全，这是一个永恒的话题。例如，能否通过对各种公开以及非公开刑侦数据的合理分析，更加准确地锁定吸毒人群，尤其是有重大公共影响力的人群，并实施制止教育措施？能否通过对各种数据的综合分析，做到对恐怖事件的提前预警？能否通过对各种流量数据的监控，做到提前规避一些重大公共安全事件（如踩踏）？这就是数据分析之于政府风险管控的价值。

可以量化的参照系

数据分析的价值体现在三个要素上，但要实现它的价值还需要一个重要的因素：可以量化的参照系。其中包括两个关键词：量化和参照系。

90％？你咋不上天啊？

某天，一朋友说："熊大，我最近给客户做了一个客户流失预警模型，准确度75％！"我一听，挺靠谱。但是，他却垂头丧气地表示，对方老总很不满意，认为这个准确度太差，连90％都不到！熊大心里倒抽一口凉气，心想：90％，你咋不上天啊！大家是否能意识到困惑在哪里？客户对预测精度没有合理的预期，因为没有合理的参照系。在没有参照系的情况下，客户就只好参照小学生的考试成绩，认为90％甚至99％才算优秀！这就是困惑所在，那么应该怎么做呢？应该给他树立一个合理的参照系。为此，我们可以先弄清楚一个问题：客户在没有你的情况下，自己能做多好？在你到来之前，客户自己是否有流失预警得分，这个得分准确度如何？我们发现，其实很多时候，客户从来没有评价过，自己根本不知道。你帮他看看，十有八九惨不忍睹。这时候你可以这么说：某某总，您看，之前咱们这边的精度是 65%，已经做得不错了（夸奖一下对方）。但是，现在咱们双方共同努力，这个精度提高到了 75%。为此您可以节省多少不必要的支出，或者增加多少额外的收入，等等。你看，这样是不是就更有说服力？因为你确立了一个可以量化的参照系。而这个参照系就是客户现有的系统。如果没有这个参照系，又想说明 75% 的精度是有价值的，是不是无比艰难？

有句"名言"：预测不准是常态，预测准确是变态。什么意思？之所以做数据分析，做模型预测，就是因为面对的数据是带有强烈不确定性的。如果一个数据可以被精确预测（例如，今年我 30 岁，明年一定 31 岁），这样的数据分析就没有价值了。有价值的数据分析，就是要在不确定性中，尽可能多地发掘价值。因此，预测不准必然是常态。

但是，预测不准（至少达不到 100% 完美准确），并不代表没有价值。就像前面的案例一样，预测不准的结果可能是有巨大价值的，但是需要找到一个合理的参照系。

例 1 - 8　个性化推荐系统

你做了一个个性化推荐系统（例如图书推荐系统），最后发现转化率是 8%，请问：价值何在？如果同线下商店比，8% 的转化率是比较低的。这意味着 100 个客户进入我的店铺，只有 8 个人下单，剩下的 92 个人都空手离开。这是一个令人失望的结果。但是，在线上环境中，这就不好说了。从事这行工作的朋友一定知道，8% 是一个非常高的数字。为什么？因为如果没有优秀的个性化算法推荐保障，这里的转化率可能是 4%，

1%，甚至是 0%。有了这样一个合理的参照系，数据分析的价值才能够充分表达出来。

温馨提醒：进入狗熊会公众号（CluBear）输入文字："价值"，听熊大音频！

数据到价值的转化：
回归分析的"道"与"术"

本节讨论的是如何把数据转化为价值。为此，需要一个非常精妙的思想方法：回归分析。学过统计学的同学都知道，回归分析是数据分析的一个非常重要的模型方法。这些模型可能是线性的、非线性的，参数的、非参数的，一元的、多元的，低维的、高维的，不尽相同。但这都是在"术"的层面讨论回归分析，其实，回归分析还有一个更高的"道"的层面。

回归分析的"道"

在这个层面，回归分析可以被抽象成为一种重要的思想。在这种思想的指引下，人们可以把一个业务问题定义成一个数据可分析问题。什么样的问题可以被看作数据可分析问题呢？一个问题是不是数据可分析问题，只需要回答两点：第一，Y 是什么；第二，X 是什么。

Y 是什么？

Y，俗称因变量，即因为别人的改变而改变的变量。在实际应用中，Y 刻画的是业务的核心诉求，是科学研究的关键问题。

例 1-9 好人与坏人

对于征信而言，业务的核心指标是什么？就是隔壁老王找我借钱，最后他是还还是不还。如果还，定义老王的 $Y=0$，这说明老王是好人；如果不还，定义老王的 $Y=1$，这说明老王是坏人。这就是征信的核心业务诉求，即因变量 Y。在这种情况下，因变量是一个取值为 0-1 的变量，俗称 0-1 变量。

图 1-1

例 1-10　天使与杀手

对于车险而言，业务的核心指标就是是否出险。隔壁老王买了我家车险，接下来 12 个月，他是否会出险呢？如果他出险，定义老王的 $Y=1$，这说明老王是个马路杀手；如果他不出险，定义老王的 $Y=0$，这说明老王是个天使。这种情况下，因变量 Y 又是一个取值为 0-1 的因变量。

图 1-2

例1-11　两个坏蛋

对于车险而言，还有一个核心的业务指标，就是赔付金额。也就是说，一旦出险，保险公司到底要赔多少。例如，老王、老李都买了我家车险，结果这两个客户都出险了。老王属于轻微刮蹭，保险公司赔付600元。那么，对于赔付金额这个业务指标而言，老王的因变量 $Y = 600$（元）。老李在高速公路上出了一次大车祸，人和车都伤得不轻，保险公司赔付60 000元。那么，老李的因变量 $Y = 60\ 000$（元）。这种情况下的因变量，即赔付金额，是一个连续的取值为正的因变量。如果再取一个对数，那么就是一个取值可以是正负无穷的、连续的因变量。

图1-3

例1-12　谁是倒霉蛋？

人类医学的一个重要使命就是攻克癌症，为此，科学家需要理解不同类型癌症的形成机制。隔壁老王，还有马路对面的老李，平时看起来身体都倍儿棒，吃嘛嘛香。可是，老王得了某种癌症，而老李没有。对于这个问题，老王的因变量 $Y = 1$，表示老王是个倒霉蛋；而老李的因变量 $Y = 0$，表示老李不是倒霉蛋。因此，这又是一个取值为0-1的变量。

图1－4

结论：Y 就是实际业务的核心诉求，或者科学研究的关键问题。

X 是什么?

X 就是用来解释 Y 的相关变量，可以是一个，也可以是很多个。我们通常把 X 称作解释性变量。回归分析的任务就是，通过研究 X 和 Y 的相关关系，尝试去解释 Y 的形成机制，进而达到通过 X 去预测 Y 的目的。那么，X 到底是什么样的?

对于征信而言，我们已经讨论了，$Y=0$ 或者 1，表示隔壁老王是否还钱，这是业务的核心指标。当老王找我借钱的那个时刻，我并不知道老王将来是否会还钱，也就是说，我不知道老王的 Y。怎么办? 我只能通过当时能够看得到的，关于老王的 X，去预测老王的 Y。这种预测是否会 100% 准确呢? 答：基本不可能。但是，希望能够做得比拍脑袋准确，这是非常有可能的。为此，我们需要寻找优质的 X。

例1－13 老王的实物资产

假设老王想找我借 1 万元现金，我得想想，他会还吗? 此时，如果知道他家境富裕，房产价值几千万元，我就不会担心他不还钱。因为如果他不还钱，可以用他的房子进行抵押。这说明充足的实物资产，尤其是可以抵押的实物资产，是有可能极大地影响一个人的还钱行为的。如果这个业务分析是正确的，那么可以定义很多 X，用于描述老王的财产情况。例如，X_1 表示是否有房；X_2 表示是否有车；X_3 表示是否有黄金首饰可以抵押，等等。这些 X 都是围绕老王的实物资产设定的。

例 1-14 老王的收入

除了实物资产，老王还有哪些特征有可能影响他的还钱行为呢？如果老王月工资收入 10 万元，那么还款 1 万元，不是小菜一碟吗？相反，如果老王月工资收入 1 000 元，估计吃饭都有问题，哪来的钱还呢？这说明老王的收入可能同他的还款行为有相关关系。那么，是否可以构造一系列的 X，用于描述老王的收入情况呢？例如，可以重新定义 X_1 是老王的工资收入；X_2 是老王的股票收入；X_3 是老王太太的收入，等等。于是，朴素的业务直觉又引导产生了一系列新的 X 变量，它们都是围绕老王的收入设定的。

例 1-15 老王的社交资产

除了实物资产、收入，老王还有什么值钱的呢？有，老王有自己在社交圈中的尊严。就像电影《老炮儿》里面的顽主六爷那样，面子老大了，不会为了万把块钱去赖账，然后让街坊邻居、同事朋友都笑话，丢不起那人。如果老王是一个这样的人，那他的还款意愿会很强烈。这个朴素的业务直觉说明，一个人的社交圈即他的社交资产是可以影响他的还款行为的。如果这个直觉是对的，那么哪些指标能刻画一个人的社交资产呢？例如，定义 X_1 是老王的微信好友数量；X_2 是他的微博好友数量；X_3 是他的电话本上的好友数量；X_4 是他的 QQ 好友数量，等等。又可以生成一系列新的 X 变量，它们都是围绕老王的社交资产设定的。

由此可以看出，对于征信这个业务问题而言，简单地进行头脑风暴，

就产生了许多 X 变量。所以，依赖于人们的想象力以及数据采集能力，可以产生成千上万，甚至上百万、上千万个 X 变量。有了 X，也就有了 Y。至此，回归分析"道"的使命已经完成，因为一个业务问题已经被定义成数据可分析问题。

回归分析的"术"

接下来，从"术"的层面探讨，回归分析还要完成什么使命。一般而言，至少对于参数化的线性回归模型来说，它要完成三个重要的使命。

使命 1：回归分析要去识别并判断，哪些 X 变量是同 Y 真的相关，哪些不是。 而那些不相关的 X 变量会被抛弃，不会被纳入最后的预测模型。因为不干活的人多了会捣蛋，即没有用的 X 不会提高 Y 的预测精度，而且会狠狠地捣蛋，拉后腿，所以必须抛弃。关于这方面的统计学论述很多，以至于统计学中有一个非常重要的领域，叫做"变量选择"。

使命 2：有用的 X 变量同 Y 的相关关系是正的还是负的。 也就是说，要把一个大概的方向判断出来。例如，对于老王的借贷还款行为而言，老王的股票收入同他的还款行为可能性是正相关，还是负相关？如果是正相关，那么老王的股票收入越高，还款能力越强，我越敢借钱给他；如果是负相关，那么老王的股票收入越高，说明他赌性越大，我越不敢借钱给他。

使命 3：赋予不同 X 不同的权重，也就是不同的回归系数，进而可以知道不同变量之间的相对重要性。 例如，老王、老李都找我借钱。老王每月基本工资 $X_1=1$（万元），但是股票收入 $X_2=0$。老李恰恰相反，没有基本工资，因此 $X_1=0$，但是每个月股票收入 $X_2=1$（万元）。请问哪一个还款能力更强？请注意，他们的月总收入都是 1 万元。但他们的还款能力恐怕是不同的。此时，如果我们能够通过数据建模，赋予 X_1 和 X_2 不同的权重，也就是不同的回归系数，这个问题就容易回答了。

这就是回归分析要完成的三个使命：**识别重要变量；判断相关性的方**

向；估计权重（回归系数）。

简单总结一下。什么是回归分析？从"道"的层面而言，回归分析就是一种把业务问题定义成一个数据可分析问题的重要思想。而从"术"的层面，回归分析要完成三个重要的使命。

温馨提醒：进入狗熊会公众号（CluBear）输入文字："回归"，听熊大音频！

搞清客户需求

在数据分析的业务实践中，客户的需求常常说不清。谁是我们的客户？数据分析需求是谁提出来的，谁就是我们的客户。有可能是正儿八经的乙方，也有可能是不同的业务部门。可是，为什么客户自己的需求还说不清楚呢？

当然了，也不能说得太绝对，有的客户确实可以把自己的需求说得非常清楚。但是这样的客户特别少，大多数客户是说不清楚自己的需求的。

例 1-16　都不是我要的

有一天，熊大去一个高大上的商场给太太买结婚周年礼物。我在一个首饰柜台前左挑右选，没有特别满意的，很难下定决心。最后把服务员给整烦了，瞪着眼睛，气势汹汹地问我："你到底要买啥？"

我先是一愣。等我反应过来，马上给这位姑娘上了一堂免费的 MBA 课程。我说："姑娘，我是客户，我不知道我要买啥。但是，我知道，摆在我面前的这些东西都不是我要的。"这就是一个典型的"客户自己说不清需求"的故事。

例 1-17　鬼才知道的"客户价值"

熊大跟一家车厂合作，帮助对方理解：他们的客户，也就是汽车购买者的客户价值。做这个事是因为如果车厂可以知道哪个客户价值高，就可以投入更多的资源来重点培养和维系这个客户；哪个客户价值低，也许可以暂时不予考虑。

但问题是：什么是汽车厂商脑袋里的"客户价值"？熊大不懂车，只能向对方请教。车厂领导说："熊大，这还不简单，价值就是给我创造的收入。"这简单！咱统计一下，张三李四王二麻子，每个客户过去一年贡献了多少收入、买了多少车、去了多少次4S店，等等，用Excel就搞定了！

结果，对方说："这怎么行！我们的经验是，同样是（比方说）一万元的收入，张三是通过维修保养贡献的，李四是通过购买车险贡献的，他们所产生的价值是不一样的！"

听完我就晕了，完全不懂——都是一万元，都是人民币，怎么会不一样呢？是因为利润不一样吗？对方说还不完全是。看到我的困惑，对方又说："同样是一万元，买车险的价值可能就要高一些。因为他一旦在我们这里购买车险，未来他的维修保养很可能也发生在我的4S店里。"

这句话真是醍醐灌顶啊，购买保险的价值高，是因为它未来能够产生更多的预期收益。这说明在我这位伙伴的心目中，价值，不是已经实现的过去价值（那已经发生了），而是还没有发生的未来的预期价值。

例1-18　跟收入过不去

熊大有一伙伴，是经营连锁酒店的。我们发现，他的定价策略有很大的改进空间。简单地说就是：旺季不涨价，淡季不降价。而我们的分析又发现，可以用当天的数据，对第二天的客流量做一个相当不错的预测。那是不是可以根据预测结果做每日的动态价格调整呢？这么做会带来立刻的收入的增加吗？

结果，等我们跟对方汇报这个结果的时候，对方却是一瓢凉水泼过来，他说："熊大，辛苦了，但这不是我想要的，我对这不感兴趣。"

我当时超级困惑，第一次听说有企业会跟自己的收入过不去。我正在疑惑时，人家说了："熊大，我这个连锁店，绝大多数都不是直营店，而是加盟店，我的收入主要来源于这些加盟店的加盟费，至于这些加盟店收入有多少，跟我关系不大，或者至少不是我最关心的事，而且我们总店跟加盟店，还有一定的合作和博弈在里面，我还不能保证这些数据是准确的。"

我这才明白过来——要理解数据之于客户的价值，得首先摸清楚客户的盈利模式。这似乎是一个非常显然的常识，但之前我们是真不知道！

例 1-19　我提不出需求

有一次参观一家世界 500 强的制造企业，对方意识到，数据之于企业非常重要。因此，集团特意成立了大数据部门，购买了几百台高性能服务器，并配备所有需要的存储、软硬件环境，以及人才。然后，数据部门的老大非常骄傲地介绍他们这个部门计算机有多牛，做了哪些有趣的分析。但是，从熊大的角度看，这些分析都是趣味性很大，可没有朴素的业务价值。熊大终于忍不住问了一个问题："请问，咱们大数据部门，在集团内部主要支持哪些业务部门？"对方腰板一挺，大声回答："所有业务部门！"大家觉得可信吗？反正我不信。企业这么大，实话实说，一定有大量的甚至大多数业务部门同数据无关，至少现在是这样。就在这时，旁边的一个业务部门的老大忍不住了，说："不对啊，我们就觉得你们对我们支持不够！没什么支持啊！"数据部门老大很生气："你提需求啊！只要你提需求，我都能帮你搞定。"结果业务部门老大一脸懵圈："我提不出需求啊。"

这是一个非常典型的问题。业务部门就是数据部门的客户，可是，客户只知道自己需要数据分析支持，但是提不出需求。为什么？大家还记得回归分析的理念吗？即从道的层面帮助我们把业务问题定义为数据可分析问题。

而业务部门的绝大多数人员没有受过这样的训练，因此，无法洞见自己正在操心的业务问题，其实是数据可分析的。为此，他只需要把 Y 定义清楚，给一些关于 X 的想法，剩下的事情，数据分析的小伙伴们就可以全力以赴了。

所以，从这个角度看，数据之于企业的价值，最需要被普及教育的，不是数据分析部门，而是业务部门。当然，数据分析部门也需要。只有全员都具备朴素的数据价值观，都使用同一种回归分析的语言，需求才有可能被说清楚。

温馨提醒：进入狗熊会公众号（CluBear）输入文字："客户需求"，听熊大音频！

中国数据科学的风口

作为本章的最后一节，想跟大家一起分享一下熊大关于数据科学发展风口的思考。这里主要涉及相关的制度环境和产业基础。搞清楚这些问题，对于把握数据科学的发展趋势也许会有所帮助。具体而言，存在这样几个问题：中国统计学未来发展的大方向是什么？背后的逻辑是什么？套用一句时髦的互联网语言就是：中国数据科学的风口在哪里？

图 1 - 5

推动统计学发展的产业

人们常说：以史为鉴。让我们简单回顾一下某些统计学领域如实验设计是如何发展起来的。难道是少数天才学者的智力游戏吗？显然不是，这一领域的发展是出于农业生产的需要，相关科学实验是其最根本的驱动力。

随后，工业化的进程又催生了质量控制、可靠性等相关学科。而过去这十年计算机实验得以发展。那么未来呢？我想一定是互联网。这说明什么？这说明统计学的发展要顺应产业变革，这是大势所趋！

推动统计学发展的技术

再看一个例子，高维数据分析是最近20年才被提出来的吗？不是！早在这之前，就有学者受个人学术兴趣的驱动，提出过类似的问题，但没有形成气候。因为这样的方法在当时没什么重要的实际应用，当时主流统计学研究并不关心这个问题。

这个当年让人脑洞大开的异类问题，却成了最近20年的研究主流。因为科学技术变了。以DNA Microarray为代表的生物技术的巨大进步，产生了大量这样的数据。而这些数据蕴藏着关乎人类生命健康的秘密，具有重要的科学价值。这成就了过去这些年的（超）高维数据研究。这说明统计学的发展依赖于技术进步，这是大势所趋！

推动统计学发展的制度环境

最后一个例子。为什么制药统计学在美国那么重要？因为在美国生物制药这个产业极其强大。默克、强生、施贵宝等制药巨头每年要实施大量的临床试验，产生了大量的数据，形成了海量的分析需求，进而推动了制药统计学的发展。为什么这些巨头愿意投入巨大的时间、财力、物力作临床试验？是它们对科研的好奇心，还是道德上的高尚？可能都有一些，但都不是最根本的。最根本的是美国食品药品监督管理局（FDA）对市场的强力监管。这个制度环境迫使相关企业必须实施严格的临床试验，进而产生了强劲的统计分析需求。而制药统计学的发展又极大地促进了相关领域，例如生物统计学的发展。这说明统计学的发展需要一定的制度环境，这是大势所趋！

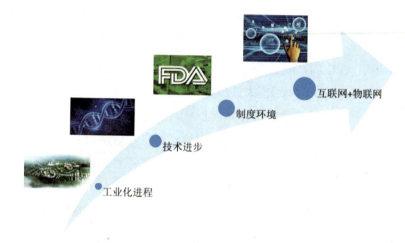

图 1 - 6

统计学发展的大势所趋

我们不妨下一个结论：统计学的大势所趋，从不以任何个人的兴趣爱好为转移，而是由产业变革（例如工业化进程）、技术进步（例如 DNA Microarray），以及制度环境（例如 FDA 政策）所决定的。这一点，我认为一定要看清楚！雷军说，站在风口，猪都能飞！其实这说的就是，重大选择要顺势而为。背后隐含的另一个结论是，如果逆风而动，鹰也飞不起来。这是我个人看待中国统计学发展方向的基本逻辑。那么，在中国这片土地上，面对当下的产业基础、政策环境，我们的大势在哪里？统计学的风口在哪里？要当飞起来的猪，还是被打趴下的鹰，或者最好是顺势而为的鹰？

生物统计学在中国

要讨论这个话题，需要检讨一下中国的现状。中国有强大的制药产业吗？未来会有。但不是今天，不是明天，不是我们可见的未来5～10年。因为我们缺乏强有力的制度环境。更加具体地说，我们缺乏类似FDA的强力监管机构。国家食品药品监督管理总局已经做了很多有意义的工作，但是显然还不够，看看大家对食品安全的焦虑就明白了。在此请允许我做一个悲观的预测：在中国，未来可见的相当长时间内，同制药相关的统计学将会是一个重要的存在，但不可能大放异彩。因为没有相应的制度环境。

不过，这并不代表生物统计学就没有希望。恰恰相反，我认为生物统计学大有作为。但是，可能不在制药这块，而是在医学研究上。因为中国医院多，病人多，病例多。这是极其宝贵的数据资料积累，能够支撑很多深刻的研究。另外，生物统计学也有可能在健康经济学方面大放异彩。因为中国的医保制度就是最值得研究的素材。每年如此巨大的经费，都花到哪里去了？效果如何？未来如何改进？这些都是非常有意义的实际问题。

图 1-7

风口所在

此外，中国还有哪些产业在全球范围内是有竞争力的呢？第一，互联网；第二，制造业。互联网方面，中国有以 BAT 为代表的一大批有竞争力的企业；而制造业方面，中国是世界的中心，孕育了像华为这样伟大而优秀的企业。这两个行业，有可能会形成风口，或者正在形成。这两个行业就是统计学研究的大势所趋，风口所在！

互联网

首先讨论互联网，尤其是移动互联网。先来思考以下问题：移动互联网产生了什么独特数据？它们的价值是什么？应该如何研究？要回答这些问题，看看自己最常用的 APP 就知道答案了。国内最常用的是微信，国外最常用的是脸书和推特。它们全部都是基于社交的软件或者服务，产生的数据是网络结构数据，刻画了用户之间的社交关系。对于统计分析，这带来的最根本的变化就是让信息沿着网络结构开始流通。通俗地讲，以前我们判断一个人是好人还是坏人（因变量），主要参考他自己的特征（解释性变量）。但是，有了网络结构，与之相连个体的所有信息（既包括因变量，也包括解释性变量），都可以加以利用，提高预测精度。但是，能够符合该理念、满足该需求的统计学模型却少之又少。这就是网络数据赋予统计学发展的重大机会，这就是风口所在！

制造业与物联网

再来讨论制造业。制造业有以下特点：第一，中国是全世界的制造中心，但是亟待产业升级，进入工业 4.0 时代；第二，与世界制造中心相对应的是，对中国制造业的数据，我们却极其无知，远远落后于互联网。产生这个现象，有两个原因：首先是传统制造业的数据采集困难，不如互联网方便；其次是互联网的故事太抢眼，让我们忘记了传统产业。但是，我个人感受到的传统行业，尤其是制造业，却蓄势待发。请看两个基本事实：（1）物联网技术越来越成熟，相应的数据采集越来越方便。一个典型的案例就是车联网。毋庸置疑，未来的汽车一定被成百上千个各种各样的探测器包围。这些探测器会准确记录汽车行驶的方方面面，例如胎压、发动机温度、地理位置、行驶方向、行驶速度、加速度、角速度等，这就构成了统计分析的数据基础。（2）传统制造业体量巨大，一个汽车厂商年产汽车百万辆，一个家电企业年产电视机千万台。因此，如果数据分析能够产生任何有益的改进方案，带来的价值都是巨大的，很可能远远大于数据分析（例如精准营销）之于互联网的价值。

由此可见，对于传统制造业，数据分析很可能不以消费者为第一核心，而是以流程再造、产品改进、成本节省为第一核心。这点跟互联网行业很不一样。而这一切都是以物联网的大规模、低成本的实施为前提。因此，物联网将是另一个风口所在！

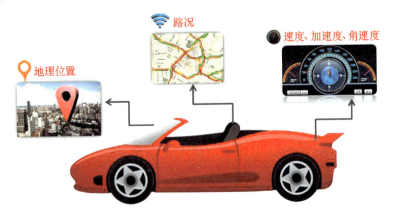

图 1-8

风口所在，想不飞都难！

基于以上讨论，作为统计工作者应该如何应对呢？需要以一种非常谦卑开放的心态，去学习业务知识，了解应用场景，实践统计学理论。这方面可供我们实践的沃土太丰富了。它们包括但不局限于：游戏、电商、社交、广告、投资、金融、征信、可穿戴设备、车联网、设备监控、政府、医疗等。过去的历史已经很清楚地说明：统计学的发展一定要顺势而为，要顺应产业变革、技术进步以及制度环境。

在中国，医疗健康、互联网和物联网就是大势所趋，就是风口所在。统计学从这里出发，想不飞都难！

温馨提醒：进入狗熊会公众号（CluBear）输入文字："风口"，看原文！

数据可视化

最基础的数据可视化方法就是统计图。一个好的统计图应该满足四个标准：准确、有效、简洁、美观！由此对应的就是统计图的"实力派"（准确＋有效）和"偶像派"（简洁＋美观）。

实力派：准确＋有效

准确是统计图最基本的要求，即要使用正确的统计图去描述不同类型的数据。比如，对于离散型变量（性别、职业等），可以画饼图或者柱状图；对于连续型变量（年龄、工资等），可以画直方图或者箱线图；对于时间序列变量（GDP，CPI 等），可以画折线图。这就好比不同季节要穿不同的衣服。春天穿风衣，冬天穿羽绒服。冬天穿比基尼，不是好不好看，而是会被冻死。

然后说有效。比如，有两个变量，一个是性别，一个是年龄。如果比较男性和女性的年龄，应该选择什么样的统计图呢？先展示一组丑图（见图 2-1 和图 2-2）。

图 2-1 和图 2-2 展示的是针对男性和女性的两个直方图。男性是绿色，女性是粉色！但其实真的看不出明显的对比。你可能要问，年龄不是连

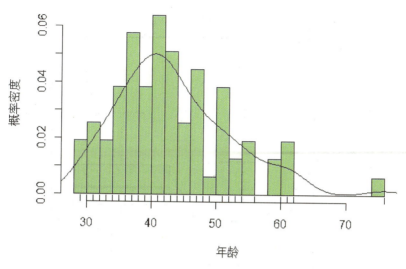

图 2-1　男性年龄直方图轴须图及密度曲线

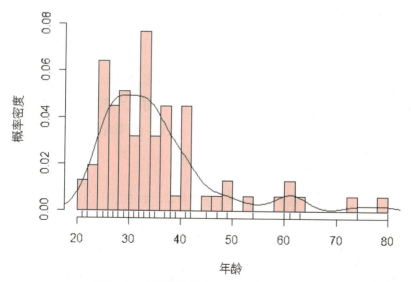

图 2-2　女性年龄直方图轴须图及密度曲线

续型变量吗？不是说应该画直方图吗？分组画直方图，只能够满足准确，但却达不到有效。图 2-3 则画的是分组箱线图（关于箱线图的详细介绍，请参看本章后面的内容），无论在平均水平还是波动程度上，都比分组直方图更加有效地体现了不同性别的年龄对比。

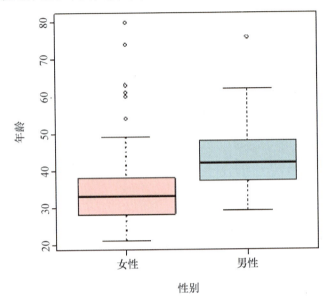

图 2 - 3　男性和女性年龄分组箱线图

所以，画图时，在满足准确的前提下，要多动脑筋，如何能让统计图更加有效地展示你的数据，支撑你的观点。这好比在不同场合穿不同的衣服。上班时穿职业装，毕业典礼上穿学士服。跑步时穿婚纱，虽然也能跑，但能跑得快吗？

偶像派：简洁＋美观

先说简洁。图 2 - 4 是对年龄这个变量作的统计图。显然，连续型变量，画直方图。你可能会被图中每个柱子底下的黑色线段吸引。这叫轴须图。但这是什么？没人能回答。大家想象一下，如果这件事情发生在会议、讲标、答辩等重要场合，就悲剧了！但凡有一个人提出这种问题，人们的注意力就会集中在这个不必要的环节上。在画图阶段，过于技术的细节，如果一句话说不清，就不要展示。这就好比你化了个妆，眼线、唇膏都不错，最后你非得用马克笔把两条眉毛描得老粗，谁还能看到你的明媚双眸和樱桃小口啊，全都看你的眉毛了。

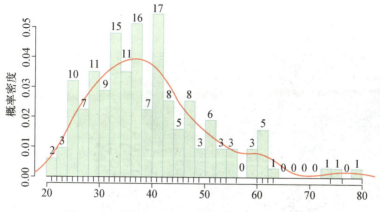

图 2-4　获奖演员年龄直方图轴须图及密度曲线

再谈谈美观。到底什么样的统计图是好看的？客观地讲，这没有唯一正确的标准。但是，一个美观的统计图应该同时满足准确、有效和简洁的标准。

图 2-5 是非常普通的饼图，统计的是电影《速度与激情 7》中主演范·迪塞尔开的车的品牌分布。这个饼图干干净净，标注清楚，"饼"上还贴心地印了车的 logo。

图 2-5　范·迪塞尔开的车的品牌分布

　　而图2-6属于一种树图（tree map），来自谷歌的一份报告。描述的是在谷歌上搜索某种裙子的关键词，出现的各种质地的裙子的搜索频数分布。这个图非常巧妙，每个格子直接用裙子的质地当作背景，格子的面积就代表这种质地的占比，可以说是赏心悦目。

图2-6　各种质地的搜索频数分布

　　图2-7是游戏中出现的统计图，一个非常简单的柱状图。它的配色与游戏背景配合得天衣无缝，出现得恰到好处。所以说，美观这事儿，考验的是化妆的整体技术，以及对于细节的把握。淡妆浓抹总相宜，让人瞅着舒服就是你的本事。

图2-7　某游戏中的统计图

柱状图

柱状图是针对离散型数据（比如性别）所作的统计图。每根柱子代表一个类别（男性或者女性），柱子的高度是这个类别的频数（男性或者女性有多少人），有时也是百分比。首先展示一个中规中矩的柱状图（见图 2-8）。

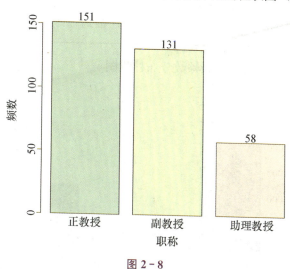

图 2-8

一个完整的统计图包含以下要素或者注意事项：

（1）要有图标题，一般在图的下方，标题要简洁明了。

（2）报告中的统计图要有标号。横轴和纵轴要标注清楚（横轴：职称；纵轴：频数）。如果有单位的话，需要注明。

（3）图的标题、横轴、纵轴等，出现的文字要统一和准确，不要一会儿中文，一会儿英文。写中文报告，就都标注中文。

（4）图的比例要协调，别太胖也别太瘦，别太高也别太矮。

（5）图的内容要正确、简明，避免出现不必要的标签、背景等。

（6）注意图的配色。不要精挑细选一组非常难看的配色！

（7）画完图要有适当的评述，尤其是在报告里，这点非常重要。比如，职称一共有三个水平（正教授、副教授和助理教授）。从图2-8中可以看出，正教授的人数最多（151人），其次是副教授（131人），人数最少的是助理教授（58人）。很多报告，常常是一个统计图从天而降，咣当摆在报告里，没有任何评述，这是非常糟糕的做法。要么就不画图，画图就要有它的作用，必须有简单的评论。所谓，写报告，统计图和评论更配。

有人抱怨软件，说这个软件画图不好看，那个软件配色丑。这是典型的睡不着觉埋怨枕头，自己画图丑别把责任推到统计软件上！

例2-1　借款用户信用等级频数分布柱状图

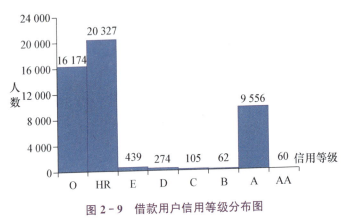

图2-9　借款用户信用等级分布图

点评：

第一，这不是在画统计图，而是在画诗，这幅图画的是《题西林壁》中的"远近高低各不同"。最高的柱子高2万多，最矮的柱子才60。有两个解决办法：一是将特别少的归为其他，然后将柱子按照从高到低的顺序排列（这个技巧很实用，能让你的柱状图美观很多）；二是干脆就只画具有可比性的三个信用等级，然后文字说明一下其他等级的频数特别少。

第二，是美观问题。人都说距离产生美，柱子之间需要留出空隙，让人喘口气。横坐标"信用等级"也体现了自己无处安放的青春，非要跟频数60挤在一起才有安全感吗？其实完全可以调整到横轴下方做一个安静的美男子。

第三，是图的标题。这个图的大名叫"柱状图"，你却起个绰号叫

"分布图"。

　　总结一下,这个柱状图,画的没有错,只是丑而已! 图2-10是"整容"后的版本。

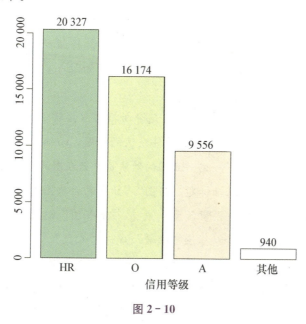

图 2 - 10

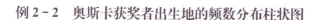

例 2 - 2　奥斯卡获奖者出生地的频数分布柱状图

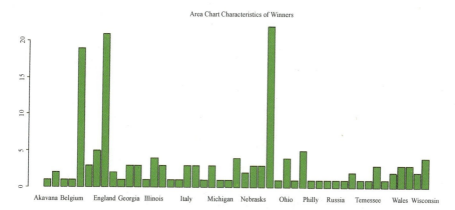

图 2 - 11　获奖者地区分布频数图

点评:

第一,这幅图可以用来玩"看统计图猜成语"的游戏,这个成语就是"参差不齐"。洋洋洒洒几十根柱子,精心排列得奇丑无比。而且由于柱子数太多,很多标签无法显示,根本无法知道每根柱子对应哪个地区,相当于这个柱状图没有传递任何信息!解决办法是,将频数较少的类别合并,然后将柱子按照从高到低排列。注意:柱状图的柱子数最好不要超过10根,否则美观程度将大打折扣。

第二,图的标题出现了两次,这是分析报告里经常看到的。图的上方,标注了一次标题(更多时候是统计软件默认的标题,而作者没有修改或者去掉),然后图的下方又写了一遍。正确的做法是,只在图的下方写标题。

第三,图的标题和纵轴标题。与图2-9中的柱状图类似,大名叫"柱状图",就不要再给起个"频数图"或者"分布图"这种名字了。另外,这个图缺少纵轴标题,可以标注"频数"或者"人数"。

总结一下,这个柱状图不但很丑,而且没能有效地传递任何信息。同样的数据,完全可以换一种作图方式,例如图2-12,它把每个地域获奖者的人数标注在了美国地图上,这个图基本上应该给满分(如果能加上颜色,利用颜色的深浅来反映频数的多少就更好了)。

图2-12 获奖者出生地分布图(美国)

例2-3 调查问卷中被调查者的一些基本情况

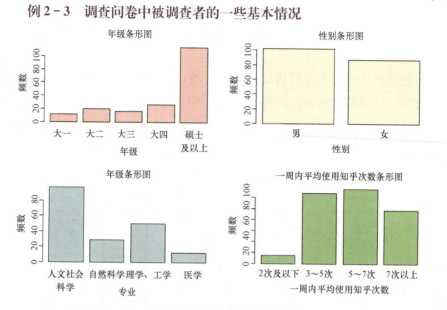

图2-13 问卷1—4条形统计图

点评：这不算是一个丑图，放在这里是因为有三点需要强调：

第一，图的标题。一般而言，若是竖着的柱子，称为柱状图；若是横着的柱子，称作条形图。柱状图和条形图没有什么本质的区别，只是展示方式不同。所以这里叫柱状图更加贴切。

第二，柱子的排列。前文已提到，按照柱子从高到低排序，会使柱状图更美观。但不是所有情况都以此为标准。注意：本例中，是按照类别的顺序排列的（比如年级按照从大一到硕士），这也是排列柱子的一种方式。

第三，右上角的柱状图只有两个柱子。前文提到，柱状图的柱子数太多不美观。这里再补充一句，柱子数太少了也不漂亮。大家用心体会一下，画统计图跟养生特别像，传达的是一种适量的精神，信息量太多或者太少都不妥当。对于右上角这个柱状图，其实可以不用画图，用文字写上男生多少人、女生多少人（或者占比）即可。不是所有的数据描述都要通过画图来完成。

堆积柱状图

　　这里要讲的是一种更加复杂的柱状图，江湖人称"堆积柱状图"。按照惯例，还是先做一个正确的示范。堆积柱状图和柱状图的本质一样，都是在展示频数。只不过简单的柱状图只涉及一个离散型变量（比如性别），而堆积柱状图涉及两个离散型变量（比如性别和职称）。图 2−14 展示了一组样本数据中，性别和职称交叉频数的柱状图。

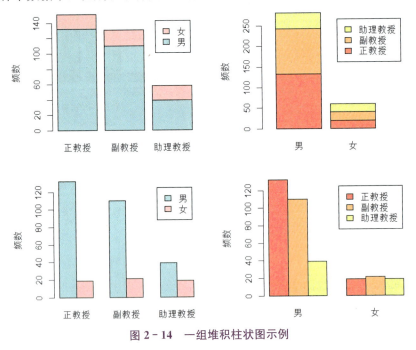

图 2−14　一组堆积柱状图示例

　　因为有两个离散型变量，柱子可以代表任何一个变量，这样就产生了两种画法。左上角的柱状图中，柱子代表职称；右上角的柱状图中，柱子代表性别。也正是因为柱子只能代表一个变量的不同类别，那么另外一个变量的类别只能通过颜色（也有其他手段，颜色最为常见）进行区分。这样就需要一个额外的标签，标注另一个变量的不同类别所对应的颜色。按照交叉频数的展示手段，是"堆积展示"（左上角）还是"分开展示"（左下角），又会形成两种不同的画法。于是，同一组数据，可以有四种不同的展示方法。具体采用哪个柱状图，取决于想给读者传递的信息。比如右上角的柱状图，比起其他三个，能够更直观地传递男性总数多于女性这一信息。

有两点值得注意：（1）堆积柱状图也可以展示一个离散型变量和一个连续型变量，甚至两个连续型变量，前提是将连续型变量离散化，比如将年龄分成若干离散区间。（2）采用堆积展示的手段，不太适合在柱子上标注出交叉频数，会显得混乱。

介绍了最基本的知识之后，来看看堆积柱状丑图。

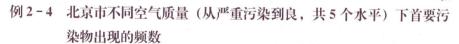

例2-4　北京市不同空气质量（从严重污染到良，共5个水平）下首要污染物出现的频数

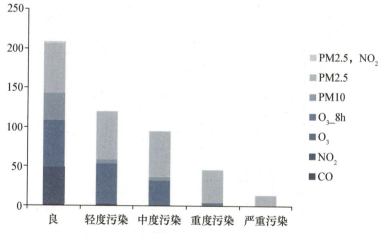

图2-15　北京市不同空气质量指数类别下首要污染物分布图

点评：

第一，这是在对读者进行色弱测试吗？很难看出，哪段是 PM2.5，哪段是 PM10。注意，但凡类别较多，需要画堆积柱状图的时候，应选择区分度比较强的配色，让人能识别出每段柱子都是哪个类别。

第二，这些柱子上面最多出现了 4 种颜色，然而标签却显示出 7 种物质。看原始数据才发现（见表 2-1），CO 或者 O_3 频数太低，根本显示不出来。

表 2-1　　　　北京市不同空气质量指数类别下首要污染物分布　　　单位：天

空气质量指数	CO	NO$_2$	O$_3$	O$_3$_8h	PM 10	PM 2.5	PM 2.5, NO$_2$	合计
良	2	47	0	60	34	63	2	208
轻度污染	2	0	1	51	5	61	0	120
中度污染	0	0	0	33	4	58	0	95
重度污染	0	0	0	4	0	42	0	46
严重污染	0	0	0	0	0	14	0	14
合计	4	47	1	148	43	238	2	483

不妨手动输入数据，去掉频数小于 10 的三种污染物，给出如图 2-16 所示的柱状图（虽然配色也没有美到哪里去）。请读者试着自己去看图说话，解读这个柱状图的结果。

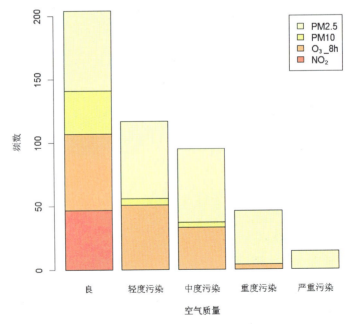

图 2-16　修改之后的污染物分布柱状图

例 2 - 5　获得奥斯卡提名演员不同性别的获奖频数

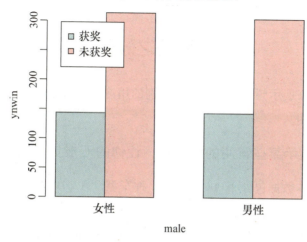

图 2 - 17　male 对 ynwin 分组条形图

点评：

第一，图的标题和横轴、纵轴处，中英文混用。比如横轴标着英文的 male，然后分别画了女性和男性的柱子。纵轴更过分，ynwin 是什么？或许你会说，前文中提到 ynwin 代表是否获奖，但前提是有多少人会专心看你那几十页报告。而且这里纵轴应该标注"频数"，而非是否获奖。

第二，标签挡住了柱子。这是最让人难以容忍的。

第三，男性和女性这两组柱子非常像（蓝色柱高基本相同，粉色柱女性略高）！作者的评论写着："演员获奖事件的发生与性别无关。"看后更加一头雾水！那么蓝色柱子画的是获过奥斯卡奖的人数，还是人次呢（报告里面没交代）？如果是人次，这不是废话吗？每年奥斯卡都会分别有一男一女分获最佳男女主角奖（极少数情况下会有两人同时获奖）。如果是人数的话，会存在一个演员多次获奖的情况，蓝色柱高一样又有点太碰巧。这个统计图以及不清晰的陈述，都给读者带来了很大的疑惑。

总而言之，这个柱状图是非常失败的展示，从图到评论，都会给报告大大扣分！那么怎么改呢？其实不用画图，简单陈述一下，本文统计了多少届奥斯卡奖、提名了多少人、男女获奖者又有多少人就可以了。

柱状图之妙用

除了用来展示频数，柱状图还有别的用途，本节跟大家分享两个柱状图的其他妙用。

妙用一：展示某些常用的统计量，让你的汇报更直观

假设样本数据包含 1 000 辆车，4 种车型（A，B，C，D）。以往画柱状图，就是展示每种车型各有多少辆车。

现在，统计了这些车在 2015 年全年的保养花销，想比较不同车型的平均花销，看看哪种车型的平均保养费用最高。一般情况下，人们会分车型算出平均数，用统计表进行展示（统计表里可能还会报告其他统计量）。

作为另一种选择，也可以用柱状图进行展示，柱高就是统计量（平均保养费用）的取值，如图 2-18 所示（类别不多，可以按照车型排列柱子，也可以按柱子高度排列）。

请注意：首先，千万不要每个统计量都展示一遍，均值、中位数、方差、标准差，一个变量画出好几个柱状图展示不同的统计量。要展示读者最关心的，或者最能讲出故事的那些统计量，做到少而精。其次，画这种柱状图时，非常容易犯一个错误，或者说有的报告是故意为之。图 2—19 展示的是车型 B 和 C 的年均保养费用。左侧的柱状图是一个正常的展示，Y 轴从 0 开始画起。右侧的柱状图特意隐去了 Y 轴。

比较左右两组柱状图可以看出，右侧的柱状图在视觉上拉大了两种车型的平均保养费用差距，因为右图的纵轴是从 2 开始画的。如果读者没有格外留意，就会在视觉上产生错觉，接收错误的信息（这里可不是在教你作假，而是在教你打假）。用某些作图软件（例如 R）画图，可能不会遇到这个问题，但是如果用 Excel，就有可能遇到这个问题。

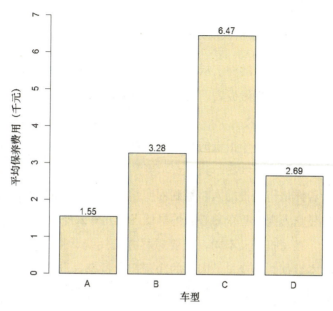

图 2 - 18　不同车型的平均保养花销

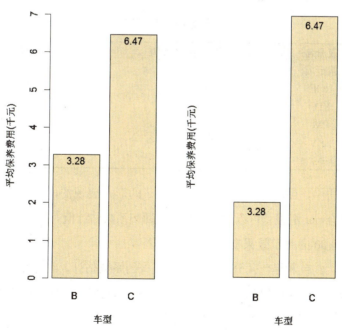

图 2 - 19　展示 Y 轴（左）和隐藏 Y 轴（右）的柱状图比较

妙用二：展示回归分析的系数估计结果

大家可能会困惑，教材上从来没教过用统计图展示回归结果，老师教给我们的是要规规矩矩做成表，要汇报系数估计值、t 值、p 值，等等。设想下面两种场景：

第一，当你在听一个报告的时候，如果回归分析涉及 8~10 个自变量，给你的第一印象是什么？看不到重点，更没心思去细看系数估计值了。

第二，若你是作报告的人，翻到回归结果那页 ppt 的时候，讲述起来是不是也略显吃力呢？听众的心恐怕早就飞到九霄云外了。

做展示，跟写报告又不同，需要想尽办法用统计图去抓住听众的心。假设一批样本数据，因变量是来年的净资产收益率，自变量包括当年净资产收益率、资产周转率等 9 个指标。表 2-2 是全模型回归结果（只简略展示了部分系数估计值和 p 值）。

表 2-2 全模型回归结果

变量名	系数估计值	p 值
截距项	0.454	0.390
ROE	0.487	<0.001
ATO	−0.015	0.758
PM	0.079	0.554
LEV	−0.040	<0.001
……	……	……

在报告中，回归结果往往是以表 2-2 的形式展现的，然而这种表现方式不太适合 ppt 汇报。可以用柱状图展示回归系数估计值，如图 2-20 所示。

图 2-20 的展示效果有三点需要注意：

(1) 用红色和黑色区分了显著和不显著的系数估计。红色是指系数估计跟 0 有显著差异，而黑色是指没有。因此解读的时候，关注红色柱子即可。

(2) 柱子朝上，说明自变量和因变量的关系是正向的。自变量取值增加的时候，因变量取值也增加。类似地，如果柱子朝下，说明自变量和因

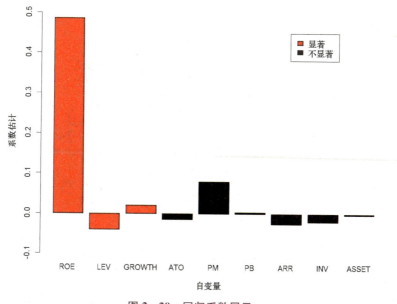

图 2 - 20　回归系数展示

变量的关系是负向的。自变量取值越大，因变量取值则越小。

（3）若对自变量进行了标准化，那么柱子的高度，也就是系数的估计值有可比性，可以直观地区分出自变量对因变量的影响大小。

饼　图

饼图是一种使用非常广泛的统计图，也是丑图的重灾区。饼图跟柱状图一样，都是针对离散型数据的统计图。柱状图多用于展示频数，饼图多用于展示频率（也就是比例）。下面先展示一个规规矩矩的饼图（见图 2 - 21）。饼图展示的是在某游戏中，最近一周 9 个职业使用热度（就是某一职业使用次数占总次数的比例）。法师这个职业使用次数最多；最受嫌弃的职业是战士，占比只有不到 5%。

下面先看三组丑图，最后再做总结。重点从饼的块数和标签的标注来进行点评。

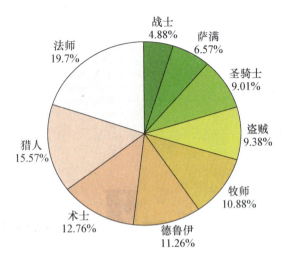

图 2 - 21 游戏《炉石传说》中职业分布饼图

资料来源：炉石传说盒子（lushi.163.com）。

例 2 - 6 一拍两散，貌合神离

当一个离散型变量只有两个取值的时候，无论在报告里还是在 ppt 里，都不建议画饼图，因为很容易画成图 2 - 22 的丑样。

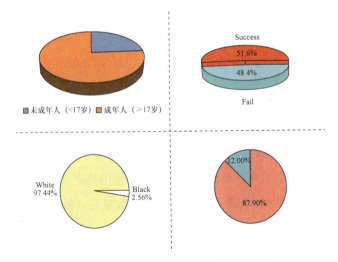

图 2 - 22 一组类别数较少的饼图示例

这些饼图之所以不好看，主要是因为变量只有两个取值，信息量太少。那怎么办？如果是在报告里，建议直接写一句话。比如右上角的饼图，可以写成"样本数据中，成功的比例为51.6%"。如果非要画图做 ppt 展示，除非你能画成图 2-23 这样（对，你没看错，是魔兽世界里的部落和联盟），否则就别画！

图 2-23　一组美观的数据展示示例

例 2-7　群雄割据，丑绝人寰

与例 2-6 中的饼图形成鲜明对比，图 2-24 展示的是变量取值特别多的一类饼图。除非这几个类别分布比较均匀（如左上角的饼图，是魔兽玩家星座分布），否则效果就是剩下的几个饼图。需要注意以下几点：

第一，饼的块数过多的时候，有两种改进办法：一种是将比例不到 5% 的，归为一类，叫作其他。可以在饼的下方写个注释或者在行文中提及"其他"都包括什么。另一种是画条形图。条形图是柱状图的兄弟，是把柱状图顺时针旋转 90 度。由于平时写报告的纸张，纵向较长，所以条形图比柱状图更适合展示类别数较多的离散型变量。

第二，饼的标签单独打在旁边的时候，读者对应起来很费劲，比如右下角的饼图。细心一点的读者还会发现：这个饼分了 9 块，右侧的标签只有 8 个。另外一个 34.53% 的饼对应的标签呢？

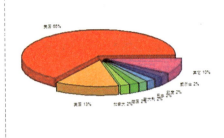
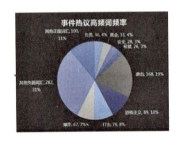
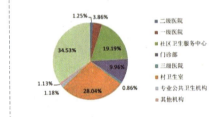

图 2-24　一组类别数较多的饼图示例

第三，饼的标签，一般只标注百分比，很少标注频数或者两者都标注。左下角的饼图就同时标注了频数和百分比，异常混乱。

下面针对右下角的饼图，做了改良（见图 2-25）。

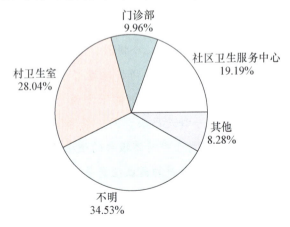

图 2-25　一个"改良"后的饼图

例 2-8 不多不少，丑得正好

例 2-6 和例 2-7 中的两组丑图所涉及的离散型变量取值要么太少，要么太多。如果一个离散型变量取值不多不少，画出来的饼图就一定美美哒吗？请看图 2-26 所展示的这组充满想象力的饼图。

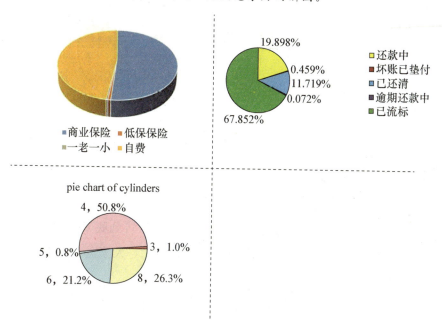

图 2-26 一组分布极不均匀的饼图示例

左上角的饼图，厚重感满满。但比例不标注，标签也很难对应上。右上角的饼图，小数位数保留两位即可。左下角的饼图，标签是"1，2，3，4，5"，跟比例完美地融合在一起不分彼此。很多小伙伴一定不服气了，数据就长成这样啊，画出来的饼图就是这么丑。为了回答这个问题，引用一句 R help 里面的一句话：Note：Pie charts are a very bad way of displaying information. The eye is good at judging linear measures and bad at judging relative areas. A bar chart or dot chart is a preferable way of displaying this type of data. 翻译过来就是：没事儿别画饼图！

那有没有改良版的饼图呢？这里隆重推出一款整容神器：复合饼图！中心思想是把占比特别小的区块用另外一个饼图放大出来。右上角的饼图整容之后如图 2-27 所示。你肯定想不到，这是用 Excel 画的。

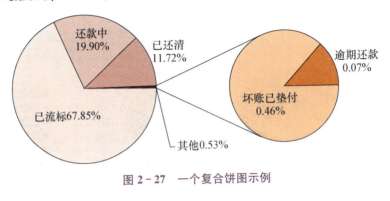

图 2-27　一个复合饼图示例

最后，进行总结。

第一，饼的块数。这是经常碰到的问题，一块饼到底多少个人吃才合适呢？块数少了，每个人都容易吃撑；块数多了，大家都吃不饱。结论是：不多不少。

第二，饼的标签。一个规规矩矩的做法是在饼的旁边对应着标注类别＋比例。还有一种常见的做法是只在饼上标注比例，在旁边额外标注相应的类别。然而，第二种做法不是那么容易对应上，所以还是推荐第一种标注方法。

第三，饼的配色。精挑细选的难看配色比比皆是。R 里面有四个常用的配色：heat. colors，terrain. colors，cm. colors 以及 rainbow。大家可以尝试一下，然后量力而行。用力过猛的后果很严重！注意：面积大的区块用浅色，面积小的区块用深色。

直方图

直方图是针对连续型变量所作的统计图。笔者随机生成了 1 000 个来自标准正态分布的随机数，画了一组直方图（见图 2 - 28）。

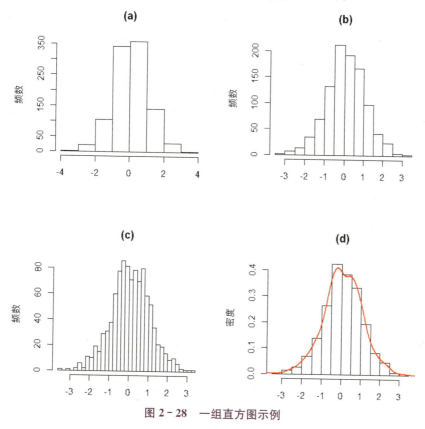

图 2 - 28　一组直方图示例

直方图的横轴是实数轴，被分成了许多连续的区间。这些区间，可以是等距的，也可以是不等距的；可以是左开右闭的，也可以是左闭右开的。直方图的纵轴有两种处理方式：一是代表频数，如图 2 - 28 中的（a），（b），（c）；二是代表密度，如图 2 - 28 中的（d）。先看（a），（b），（c），这三个图的共同点是，纵轴代表频数，就是落在相应区间内的样本数。三个图的不同点是，区间的宽度不一样，从（a）到（c），区间越来越"窄"，数据的分布形态也被展示得越来越"细"。一般认为，（b）是看着比较舒服的。再看（d），这个图的纵轴是概率密度（不是频率），图中红色的线是用非参数方法估计的概率密度曲线。实际上，直方图是一种非参数方法。(d) 在学术论文中使用较多，在偏向应用的报告中，更多地使用纵轴是频数的直方图。

直方图最大的用处是观察数据分布的形态，了解数据的取值范围。关于数据分布，主要分为对称、右偏和左偏三种。下面来看另外一组直方图（见图 2-29）。

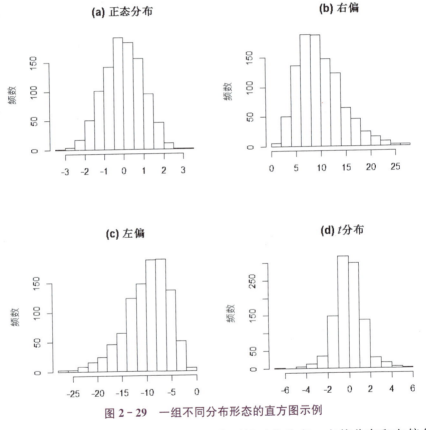

图 2-29　一组不同分布形态的直方图示例

图 2-29 中的（a），（b）和（c）分别是对称分布、右偏分布和左偏分布的形态。对称的形态比较容易判断，但有人经常搞不清右偏和左偏。直方图的"尾巴"在哪里，就是往哪里偏，仿佛新娘婚纱的拖尾一样。例如，人们常说的二八定律，说的是绝大多数客户带来的收入（利润）都很低，只有少数客户做出了巨大贡献。如果数据服从这种规律，那么直方图

就应该是右偏的，因为大量的样本集中在左边（原点附近），代表低价值客户；而少数样本集中在右边，代表高价值客户。

在运用直方图时需要注意以下两点：

第一，当拿到数据之后，往往需要对连续型变量画直方图，看看分布的形态，这是正确的做法。但不是每个直方图都要放在报告或者 ppt 里，因为有的数据画出来的直方图并不好看，如图 2-30 所示。

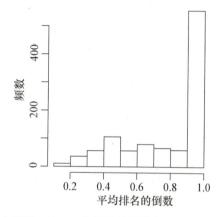

图 2-30　一个并不美观的直方图示例

这个直方图不好看，并不怪直方图本身，而是数据分布没法画出赏心悦目的直方图。在数据分析的初始阶段，可以做各种画图尝试。但是在报告阶段，要选择美观的、有展现力的图表来汇报，并且讲出故事。实在难以应付的，可以选择不画图而是用文字简要汇报。因此，描述分析不在全面而在精辟。

第二，要看作的图是否有效传递了信息，同时想一想是否有其他展现手段，否则后果将如图 2-31 所示。

图 2-31 展示的是四类用户的微博被转发数的直方图。四个直方图在一个图中，颜色互相覆盖，没能准确传递任何信息。一个可行的解决办法是，做一个统计表，比较四类用户的微博被转发数的各种统计量（最值、均值、分位数、标准差等），效果会好很多。所以，要学会用有效的手段展示数据，画图不是唯一选择，做统计表或者文字陈述也是可行的。

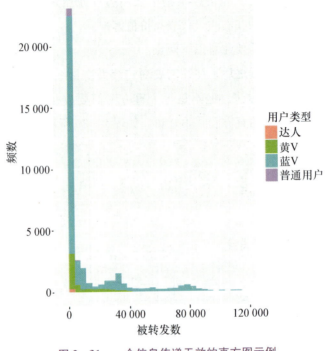

图 2-31　一个信息传递无效的直方图示例

折线图

　　本节主要讲针对时间序列的统计图——折线图。先看三种常见的数据类型：横截面数据、时间序列数据和面板数据，分别如图 2-32 至图 2-34 所示。

　　● 横截面数据是指在某一时间点上，在多个对象上采集到的数据。比如某次狗熊会团队跑步活动中，团队成员的身高、体重，以及跑 10 公里的耗时。

　　● 时间序列数据是指在一些时间点上，针对某个对象采集的数据，反映事物随时间的变化。比如 2014 年 3 月至 2016 年 9 月，每个月给孩子测量一次体重。

图 2 - 32 横截面数据

图 2 - 33 时间序列数据

图 2 - 34 面板数据

● 面板数据是指在多个时间点上，对于同一批对象采集的数据。比如
2014 年 3 月至 2016 年 9 月，每个月采集爸爸、妈妈和孩子的身高、体重
等数值。

本节主要介绍时间序列数据。时间序列数据的典型特征是带有时间标

签，因此折线图的横轴是时间（顺序不能乱），纵轴是某一指标取值。将每个时间点上采集到的指标取值标在图上，相邻的两个点用直线连接起来，就形成了折线图。

例2-9 追热剧《老九门》

图2-35展示的是热播剧《老九门》初映时百度搜索指数时间序列图。从这张图上，能够明显看出"周期"规律，原因是该剧每周一和周二播出，因此周一和周二的搜索会出现一个波峰，呈现出周期规律。

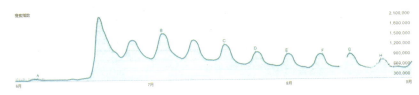

图2-35　热剧《老九门》百度搜索指数

例2-10 "国民老公"张继科

里约奥运会结束之后，迷妹们忙得不知道选谁当"老公"好。图2-36是当时新晋"国民老公"张继科的百度搜索指数时间序列图。与图2-35不同的是，这张图没有明显的周期规律，而是出现了两个非常明显的"波峰"。当时正值奥运会，所以张继科的搜索量突增。

图2-36　张继科百度搜索指数

由例2-9和例2-10可以看出折线图的三大特点：

第一，看趋势。指标随着时间的变化，呈现递增、递减还是持平的趋势。

第二，看周期。指标的取值是否呈现一定的周期规律（例如《老九门》的搜索指数）。

第三，看突发事件。指标的取值是否因为某个事件的发生，出现波峰或者波谷（例如张继科的搜索指数）。

另外，折线图也可以用来对比多个指标的变化，也就是一张图里有多条折线。

例 2-11　北京的哥的忙碌时段

图 2-37 是北京市出租车在工作日和周末每小时接单数的时间序列图。从图中可以看出：（1）工作日和周末出租车每小时接单数变化趋势相同，有两个高峰，分别是上午 9 点到下午 1 点以及晚上 6—8 点；（2）在上午 8 点到下午 2 点的时间段，出租车工作日接单数大于周末接单数；（3）在凌晨时段，周末的接单数多于工作日。这从一定程度上反映了人们在工作日和周末的出行规律。

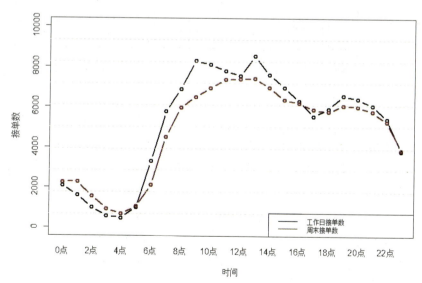

图 2-37　工作日和周末的出租车小时接单数折线图

需要注意的是,经济指标的变化趋势惯用柱状图,而非折线图。这里没有孰对孰错,主要看个人使用习惯。图 2-38 是根据国家统计局数据,画出的民用汽车拥有量随时间变化的柱状图,柱高代表民用汽车拥有量,本质上跟折线图一个道理。

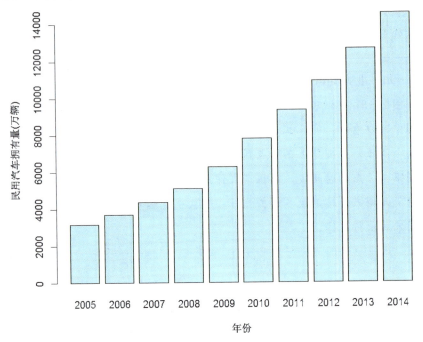

图 2-38 2005—2014 年民用汽车拥有量

最后展示几张丑陋的折线图(见图 2-39),并进行点评。

(1)左上图:一根线飘在空中,让人不明所以。不妨对纵轴展示范围进行调整。

(2)右上图:三根折线两个纵轴,让人难以比较。

(3)左下图:少了纵轴标题,横轴标签过于密集。

(4)右下图:只能用一个词来表达:一团乱麻。如果有太多的信息想要表达,而且非要在一个图中,就是这个效果。

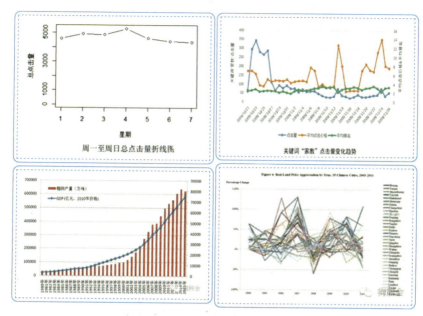

图 2-39 一组不美观的折线图示例

散点图

散点图是用于展示两个（连续型）变量的一种常用统计图。

散点图中的每一个点，由横纵两个坐标值组成。从散点图图 2-40 中可以解读两个变量的相关关系：正线性相关（左上）、负线性相关（右上）、非线性相关（左下）、不相关（右下）。需要注意的是，相关关系不等于因果关系，人们渴求因果关系，但常用的许多统计工具（回归分析等），探求的只是相关关系。

除了已知的两个变量，当数据中还有其他变量信息时，可以通过改变"点"的颜色、形状和大小来传递更多的信息。在图2-41[1]中，横轴

---

① Gareth James，Daniela Witten，Trevor Hastie，Robert Tibshirani. An Introduction to Statistical Learning. Springer，2013.

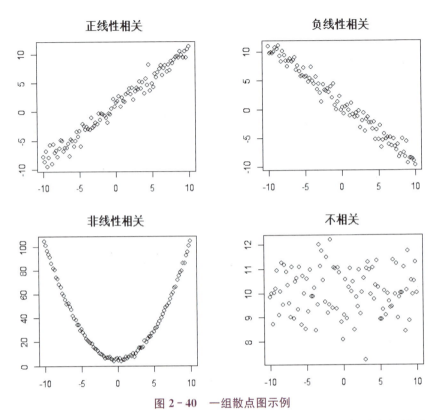

图 2 - 40　一组散点图示例

是信用卡账户余额，纵轴是年收入。从散点图上看，两个变量之间没有明显的相关性。除此之外，还有第三个变量——是否违约。将违约用户用橙色的十字表示，非违约用户用蓝色的圆圈表示。能够看出，两类人群的信用卡余额有着十分明显的差别，但在年收入上并没有差别。

从散点图上，还能发现一些"异常"的信息，也就是"离群点"。在车联网行业中，可以通过车上设备获得汽车的实时车速（以秒计）。图 2 - 42 是一段路程的前后时速散点图。横轴是 t 时刻的时速，纵轴是 $(t+1)$ 时刻的时速。可以看出，当前时刻的车速跟下一时刻的车速是高度线性正相关的。同时也能看到一个明显的"离群值"，疑似是一个"急刹车"行为。

当数据中有多个连续型变量时，可以两两画散点图，形成散点图"矩阵"。图 2 - 43 展示的是鸢尾花的萼片长度、萼片宽度、花瓣长度和花瓣宽

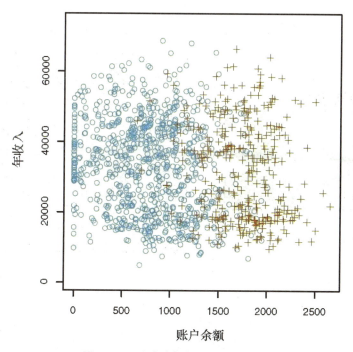

图 2-41　账户余额与年收入散点图

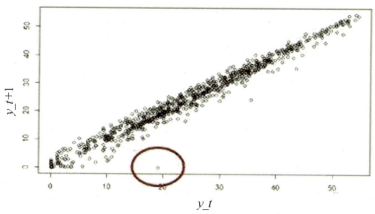

图 2-42　t 时刻和 $t+1$ 时刻车速散点图

度的散点图矩阵。同时还用颜色区分了三个不同的品种。

　　然而，如果数据中有很多连续型变量，散点图矩阵会让人抓不到重点。这时可以两两计算相关系数。遗憾的是，如果把相关系数的数值展示

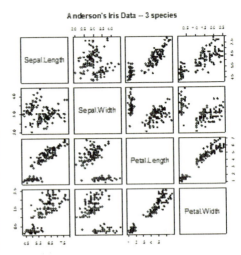

图 2-43 一个散点图矩阵示例

成矩阵，并不直观。在此，可以将相关系数矩阵可视化。图 2-44 展示的是"英超进球谁最强"的相关系数矩阵图。图中的"圆圈"越大，相关性越强。越接近深蓝色，代表正相关性越强；越接近深红色，代表负相关性越强。对角线都是深蓝色的大圆圈，这是因为一个变量跟自己的相关系数是 1。通过相关系数矩阵图，可以迅速得到一组变量的相关关系的大致情况。

箱线图

箱线图（boxplot）是一种针对连续型变量的统计图。但是，要画好很不容易。

首先看一个长相标致的箱线图（见图 2-45）。该图模拟了一个样本数据，假设是学生的期末考试得分。

根据图 2-45，可以看出箱线图的基本三要素：

（1）箱子的中间一条线，是数据的中位数，代表了样本数据的平均水平。

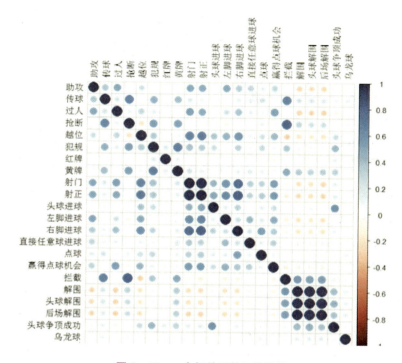

图 2-44　一个相关系数矩阵示例

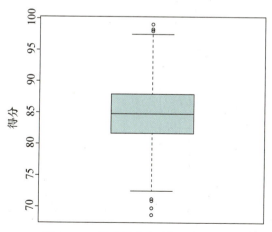

图 2-45　学生期末考试得分箱线图

（2）箱子的上下限，分别是数据的上四分位数和下四分位数，意味着箱子包含 50% 的数据。因此，箱子的高度在一定程度上反映了数据的波动程度。

（3）在箱子的上方和下方，又各有一条线。有时代表最大或最小值；有时会有一些点"冒出去"。如果有点冒出去，应理解为"异常值"。

需要注意的是，虽然箱线图也能看分布的形态，但人们更习惯从直方图去解读分布的形态，而非箱线图。

例2-12 不是所有的数据都适合画箱线图

图2-46展示的三个箱线图看着并不舒服，主要原因是，箱子被压得很扁，甚至只剩下一条线，同时还存在很多刺眼的异常值。这种情况的出现有两个常见的原因：一是样本数据中，存在特别大或者特别小的异常值，这种离群的表现，导致箱子整体被压缩，反而凸显出这些异常；二是样本数据特别少，数据少就有可能出现各种诡异的情况，导致统计图很不美观。

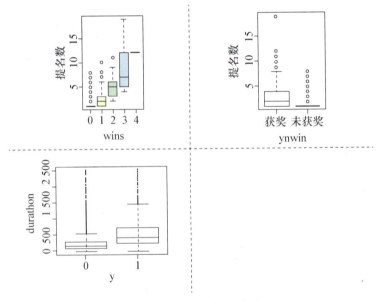

图2-46 一组不美观的箱线图示例

如果画出的箱线图如图2-46中的那样，有两个解决办法：第一，如果数据取值为正数，那么可以尝试做对数变换。对数变换可谓是画图界的整容神器，专门解决各种不对称分布、非正态分布和异方差现象等问题。

图 2-47 展示的是整容前后的一组箱线图。第二，如果不想变换，那么建议不画箱线图。

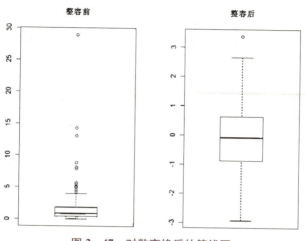

图 2-47 对数变换后的箱线图

例 2-13 箱线图应该怎么用

箱线图的用法是，配合定性变量画分组箱线图，作比较。如果只有一个定量变量，很少用一个箱线图去展示其分布，更多选择直方图。箱线图更有效的使用方法是作比较。

假设要比较男女教师的教学评估得分，用什么工具最好？箱线图。从图 2-48 可以看出，箱线图明显更加有效，能够从平均水平（中位数）、波动程度（箱子高度）以及异常值对男女教师的教学评估得分进行比较，而直方图却做不到。

假设共涉及 3 个变量：定量变量是牙齿生长长度，体现在图形的纵坐标，也就是箱子展示的内容。第一个定性变量是维生素 C 的剂量，三个水平（0.5mg，1mg 和 2mg），体现在横坐标，所以一共有 3 组箱线图；第二个定性变量是食用的食物，是维生素 C 还是橙汁，分别用黄色和橙色展现，所以每组箱线图里又包含两个箱子。

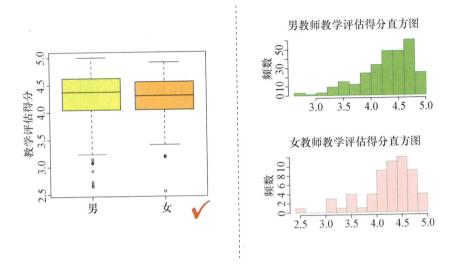

图 2-48　箱线图的对比作用

从图 2-49 可以看出：（1）随着使用剂量的增加，不管食用的是哪种食物，牙齿生长长度的平均水平（中位数）都在增加。（2）当使用剂量为

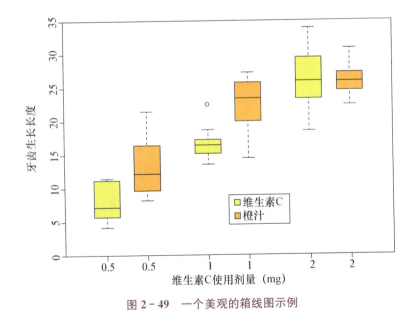

图 2-49　一个美观的箱线图示例

0.5mg 和 1mg 时，食用橙汁带来的牙齿生长的平均长度（中位数）要比食用维生素 C 高，波动程度也相应更大。（3）当使用剂量为 2mg 时，食用两种食物带来的牙齿生长平均水平（中位数）相当，食用维生素 C 带来的牙齿生长长度波动相对更大。

茎叶图

本节将通过以欧洲杯为背景的综合案例，对比几种统计图，同时还会介绍一种很少用到的统计图：茎叶图。

图 2-50 展示的是原始数据的一部分，我们从腾讯网手动收集了 2016 年欧洲杯小组赛截至 2016 年 6 月 18 号的进球数据（共 42 个进球）。第一列是每一个进球的发生时间，也就是这个进球发生在第几分钟。第二列是更粗一点的时间段，上半场、下半场还是伤停补时。对这个数据做分析，主要是想看看进球时间的分布规律，分析过程可以由粗到细地推进。

	A	B
1	进球时间	时间段
2	57	下半场
3	65	下半场
4	89	下半场
5	5	上半场
6	10	上半场
7	61	下半场
8	81	下半场
9	73	下半场
10	92	伤停补时
11	41	上半场

图 2-50 进球时间的部分原始数据

第一步：饼图

主要看上下半场以及伤停补时的进球分布。

从图 2-51 可以看出，超过一半的进球都发生在下半场。另外，伤停补时是个关键的时段，有 14.29% 的进球发生在那短短的几分钟。所以如果你没有时间看全场，那么上半场可以直接快进了。

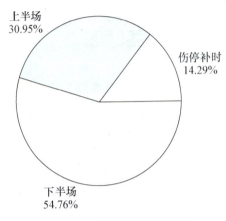

图 2-51　进球时段分布饼图

第二步：柱状图

主要看更加细分的时间段内进球的分布。

从图 2-52 可以看出，将时间以 15 分钟为间隔进行划分，前 30 分钟是进球数最少的时间段。后面的每个 15 分钟区间中，45～60 分钟时间段进球最多。最后的伤停补时阶段（90＋）发生了 8 个进球，完全不逊色于其他时间段，看来这届欧洲杯上演了许多精彩绝杀。

第三步：直方图

把时间看做连续的，可以画出更加细致的直方图（见图 2-53），可惜并不美。

第四步：茎叶图

茎叶图可以同时展示原始数据和分布的形状，图形由"茎"和"叶"两部分组成。通常以数据的高位数字作为树茎，低位数字作为树叶。进球

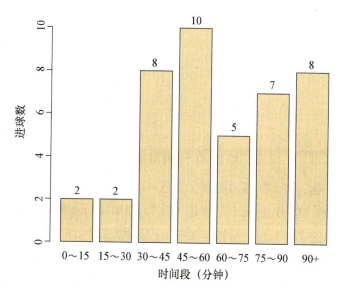

图 2 - 52　进球时间分布柱状图

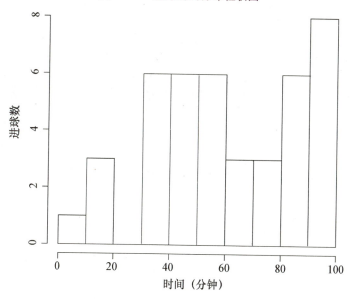

图 2 - 53　进球时间分布柱状图

时间数据的茎叶图如图 2 - 54 所示。

图 2 - 54 直接展示了原始数据，"｜"左边的数字是进球时间的十位

```
0 | 5
1 | 089
2 |
3 | 122477
4 | 125889
5 | 016779
6 | 125
7 | 135
8 | 017789
9 | 00122266
```

图 2-54　进球时间茎叶图

数，这是"茎"。"|"右边的数字是进球时间的个位数，在相应时段出现了几个进球，就会列出几个，这是"叶"。以第 4 行为例，在 30～40 分钟的时段内，进了 6 个球，分别是 1 个 31 分钟、2 个 32 分钟、1 个 34 分钟和 2 个 37 分钟。从图 2-55 还能看出来，目前为止，本届欧洲杯最快的进球是开场后 5 分钟（来自瑞士队的萨沙尔）。如果嫌茎叶图不好看，可以改进一下，如图 2-55 所示。

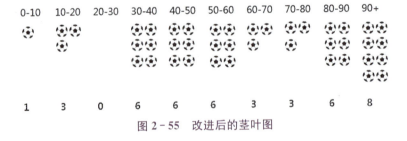

图 2-55　改进后的茎叶图

第三章／*Chapter Three*
回归分析

回归分析是实现从数据到价值的不二法门。本章将学习什么是回归分析，有哪些常见的回归分析模型，适用于什么样的数据类型，可以支撑什么样的业务应用。

什么是回归分析？

在"道"的层面，回归分析是一种重要的思想，在它的指导下，我们将一个业务问题（或者科学问题）定义成一个数据可分析问题。在"术"的层面，回归分析就是各种各样的统计学模型。回归分析主要包括五种类型：线性回归、0－1回归、定序回归、计数回归，以及生存回归，称为"回归五式"。

第一式：线性回归

线性回归，更严格地说是普通线性回归，其主要特征是：因变量 Y 必须是连续型数据，而对解释性变量 X 没有太多要求。典型的连续型数据包括身高、体重、价格、温度等。但是，在实际工作中，所有的计算机都只能存储有限位有效数字。因此，在真实的数据世界中，不存在严格的连续型数据，只有近似的。普通线性回归在数据世界中，可以应用于股票投资、客户终身价值、医疗健康等领域。

第二式：0-1回归

0-1回归就是因变量 Y 是0-1型数据的回归分析模型。0-1型数据是指只有两个可能取值的数据类型。例如，性别，只有"男"或者"女"两个取值；消费者的购买决策，只有"买"或者"不买"两个取值；病人的癌症诊断，只有"得癌症"或者"不得癌症"两个取值。遇到这种数据的时候，线性回归就不好使了，此时需要的是回归分析第二式：0-1回归。

0-1型的因变量又包含了众多招数，其实大同小异，最常见的有两招：一招是逻辑回归，也叫 Logistic Regression；另外一招是 Probit Regression。相关的重要应用很多，并且都很时髦有趣，比如互联网征信、个性化推荐、社交好友推荐等。

第三式：定序回归

定序回归就是因变量 Y 为定序数据的回归分析模型。定序数据就是关乎顺序的数据，但是又没有具体的数值意义。例如，狗熊会出品一款新的矿泉水，叫做"狗熊山泉，有点咸"。现在想知道消费者对它的喜好程度，因此决定请人来品尝，根据其喜好程度，给出一个打分。1表示非常不喜欢，2表示有点不喜欢，3表示一般般，4表示有点喜欢，5表示非常喜欢。这就是人们关心的因变量 Y。这种数据很常见，有以下两个特点：

第一，没有数值意义，不能做任何代数运算。例如，不能做加法。不能说，1（非常不喜欢）加上一个2（有点不喜欢）居然等于3（一般般）。这显然不对。这就是该数据的第一个特点，没有具体的数值意义。

第二，顺序很重要。例如，1（非常不喜欢）就一定要排在2（有点不喜欢）的前面，而2（有点不喜欢）就必须要排在3（一般般）的前面。这个顺序很重要，这就是为什么称其为"定序数据"。

定序回归常见的应用场景如：各种关于消费者偏好的市场调研（李克特 1～5 点量表）；豆瓣上对电影的打分评级（1～5 分）；电商平台上对商品或商家的满意程度（1～5 颗星）；在医学应用中，有些重要的心理相关的疾病（如抑郁症）也会涉及定序数据等。

第四式：计数回归

如果因变量 Y 是一个计数数据，那么对应的回归分析模型就是计数回归。什么是计数数据呢？就是数数的数据。例如，谁家有几个孩子，养了几条狗。这样的数据有什么特点？既然是数数，就必须是非负的整数。不能是负数，说谁家有负 3 个孩子，没这事；不能是小数，说谁家养了 1.25 只小狗，也没这说法。

计数数据常见的应用有哪些呢？客户关系管理中，有一个经典的 RFM 模型，其中这个 F，就是 frequency，指的是一定时间内客户到访的次数。可以是 0 次，也可以是 1 次、2 次、很多次。但是，不能是 -2 次，更不能是 2.3 次。医学研究中，一个癌症病人体内肿瘤的个数：0 是没有，也可以是 1 个、2 个，或者很多个。社会研究中，二孩政策放开，一对夫妻最后到底选择生育多少个孩子呢？可以是 0 个、1 个，也可以是 2 个，但是，不能是 -2 个，也不能是 0.7 个。

第五式：生存回归

生存回归是生存数据回归的简称，即因变量 Y 为生存数据的回归分析模型。其中生存数据就是刻画一个现象或个体存续生存了多久，也就是常说的生存时间。为此需要清晰定义：什么是"出生"？什么是"死亡"？

以人的自然出生为"出生"，以人的自然死亡为"死亡"，就定义了一个人的寿命，这就是一个典型的生存数据，该数据对寿险精算非常重要；以一个电子产品（例如灯泡）第一次使用为"出生"，最后报废为"死亡",就定义了产品的使用寿命;以一个消费者的注册成为会员为"出生",到某天流失不再登录为"死亡",就定义了一个消费者的生命周期;以一个企业的工商注册为"出生",破产注销为"死亡",就刻画了企业的生存时间;以一个创业团队获得 A 轮融资为"出生",创业板上市为"死亡"(请注意,这是一个开心的死亡),就刻画了风险投资回报的周期。由此可见,生存数据无处不在。

生存数据看起来是一个连续型数据,那么为什么不用线性回归呢?如果生存数据是被精确观察到的,那么普通线性回归确实可以用来分析生存数据。但问题是生存数据有可能并未被精确观测到。

以人的寿命为例,在抽样调查过程中,隔壁老王被抽中。老王今年 60 岁,身体倍儿棒,吃嘛嘛香,核心问题是他还好好地活着。因此,他的最终寿命 Y 并不为人所知。但可以确定的是,Y 一定比 60 大。这是一个宝贵的信息。所以,在数据上把 Y 记作 60+。只要数据后面跟着一个"+",就表明真实的数值比这个大,但是大多少不知道。这种数据称作截断的数据(censored data)。这就是生存数据最独特的地方。

至此,就把五种最常见的回归分析模型的基本框架介绍完了。接下来,将结合不同的实际案例,进一步展示它们各自的有趣应用。

温馨提醒:进入狗熊会公众号(CluBear)输入文字:"五式",听熊大音频!

线性回归——北京市二手房房价

二手房时代

北京市房地产市场是我国最为发达、最具有代表性的房地产市场之一。截至 2016 年 5 月 25 日的北京住宅年内交易数据显示,北京市二手房交易占市场住宅成交比例高达 86.2%,北京楼市已经全面进入二手房时代。

数据来源和说明

本案例所关心的因变量 Y 是单位面积房价（万元/平方米）。二手房的市场价格是多种因素综合作用的结果，本案例收集了某二手房中介网站的 16 210 套在售二手房相关数据，对二手房房价的相关影响因素展开研究。

所有的 X 变量如表 3-1 所示，主要分为内部因素和区位因素两部分。其中内部因素包括房屋面积、卧室数、厅数、楼层；区位因素包括所属城区、是否邻近地铁、是否学区房三个因素。由于数据限制，没有能够考虑更多的相关指标（例如，交通、商圈、医疗、教育等）。显然，这些因素都是重要的，是本案例可以显著改进的方向。

表 3-1　　　　　　　　　数据变量说明表

变量类型		变量名	详细说明	取值范围	备注
因变量		单位面积房价	单位：万元/平方米	1.83~14.98	
自变量	内部因素	房屋面积	单位：平方米	30.06~299.00	
		卧室数	单位：个	1~5	
		厅数	单位：个	0~3	建模时处理成是否有客厅
		楼层	定性变量：共3个水平	低楼层、中楼层、高楼层	相对楼层
	区位因素	所属城区	定性变量：共6个水平	朝阳区、东城区、丰台区、海淀区、石景山区、西城区	
		是否邻近地铁	定性变量：共2个水平	1代表临近地铁；0代表不临近地铁	82.78%邻近地铁
		是否学区房	定性变量：共2个水平	1代表学区房；0代表非学区房	30.31%为学区房

二手房价格

从直方图（见图 3-1）可以看出，单位面积房价呈现右偏分布。具体来说，单位面积房价的均值为 6.12 万元/平方米，中位数为 5.74 万元/平方米。这一现象符合对于房价的基本认知，即存在少数天价房，从而拉高了房价的平均水平。

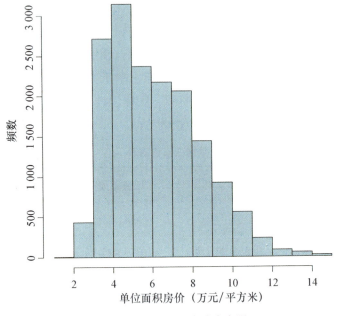

图 3-1 单位面积房价直方图

在本案例中，单位面积房价的最小值为 1.83 万元/平方米，所对应的房屋是丰台区东山坡三里的一套两居室，总面积为 100.83 平方米；最大值为 14.99 万元/平方米，所对应的房屋是西城区金融街的一套三居室，总面积为 77.40 平方米。

描述性分析

首先看内部因素，从分组箱线图（如图 3-2）可以看出，卧室数、厅数、楼层对于单位面积房价的影响并不明显，而房屋面积与单位面积房价则存在一定的负相关，相关系数为－0.07，关系显著。

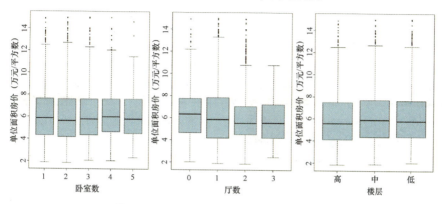

图3-2 内部因素的单位面积房价箱线图

再看区位因素，从分组箱线图（见图3-3和图3-4）可以看出：（1）不同城区的房屋单位面积房价差异较大，西城区、海淀区和东城区的单位面积房价明显偏高；（2）学区房和地铁房的单位面积房价偏高。

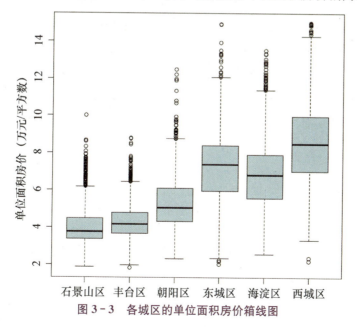

图3-3 各城区的单位面积房价箱线图

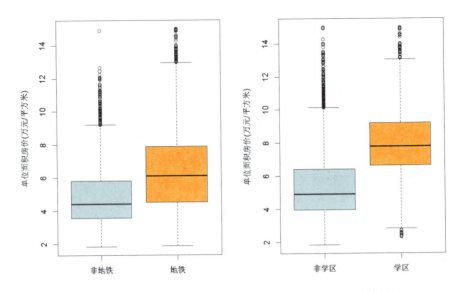

图3-4 公共交通资源（地铁）、学区资源与单位面积房价的关系

综上所述，通过对本案例数据的描述性分析，可以推测：对单位面积房价可能会产生影响的因素包括区位因素（城区、地铁、学区）和内部因素（卧室数、是否有客厅、面积、楼层）；从影响作用来看，区位因素比内部因素更为明显。

为了更深入地分析各因素对二手房房价的影响，本案例将建立单位面积房价关于区位因素和内部因素的回归模型，使用量化的方式更为精细地刻画两方面因素的影响大小，并且试图使用该模型来预测二手房房价。

回归分析

在数据建模部分，本案例层层推进地建立了三种模型：（1）简单线性回归模型；（2）对数线性回归模型；（3）带有交叉项的回归模型。下面展示简单线性回归模型的估计结果和解读（见表3-2）。

表 3 - 2   线性回归结果

变量	回归系数	p 值	备注
截距项	3.315	<0.001	
城区-丰台	0.131	0.001	
城区-朝阳	0.875	<0.001	
城区-东城	2.443	<0.001	基准组：石景山组
城区-海淀	2.191	<0.001	
城区-西城	3.705	<0.001	
学区房	1.183	<0.001	
地铁房	0.672	0.001	
楼层-中层	0.152	<0.001	基准组：高层
楼层-低层	0.198	<0.001	
有客厅	0.163	<0.001	
卧室数	0.111	<0.001	
房间面积	−0.002	<0.001	
F 检验	p 值<0.0001	调整的 R^2	0.590 1

在控制其他因素不变时，可以得到如下结论：（1）对于城区这一变量，石景山区单位面积房价最低，西城区单位面积房价最高，比石景山区每平方米平均高出 3.70 万元；（2）对于学区这一变量，学区房比非学区房单位面积房价平均高出 1.18 万元；（3）对于地铁这一变量，地铁房比非地铁房单位面积房价平均高出 6 720 元；（4）高层房屋单位面积房价最低，其次是中层，低层房屋单位面积房价最高；（5）有客厅的房子单位面积房价更高；（6）卧室数每增加一间，单位面积房价平均增加 1 110 元；（7）房屋面积的增加会带来单位面积房价的降低。这些结论与之前的猜想基本符合。而且模型的 F 检验拒绝原假设，说明建立的模型是显著的；调整的 R^2 为 0.59，模型的拟合程度尚可接受。

总结与讨论

最后，本案例采用了带有交互效应的对数线性模型。假设有一家三口，父母为了能让孩子在西城区上学，想买一套邻近地铁的两居室，面积是 85 平方米，低楼层，那么房价大约是多少呢？根据交互模型，预测到的单位面积房价为 9.29 万元/平方米，总价高达 789.78 万元。

由于房价的影响因素有很多，因此在未来的研究中可以考虑在模型中加入更多因素，比如小区位置（地处几环）、小区环境（如绿化情况、容积率等）、周边配套设施（如商圈、医院等）等。另外，若要将模型推广到其他城市，还要进一步考虑城市特有因素（如在旅游城市是否为海景房等）。

温馨提醒： 进入狗熊会公众号（CluBear）输入文字："二手房"，听水妈音频！

线性回归——中国电影票房

中国电影产业

中国电影产业正处于高歌猛进的快车道。据中国电影产业网数据显示，2016 年中国电影票房达 457 亿元，略超 2015 年的 440 亿元票房。IP电影的出现为中国电影市场增加了不少票房收益，如《同桌的你》《栀子花开》《十二公民》等电影未映先火。作为观影者，如果没听说过 IP 电影就 out 了。

数据来源和说明

本案例使用的是中国电影发行放映协会统计的某年度年票房过千万元的电影数据，共 275 个样本，数据包括电影票房、影片类型、发行方等 13

个变量。数据说明如表 3-3 所示。

表 3-3   数据说明

		变量名	详细说明	取值范围	备注
因变量		电影票房	单位：万元	1 010～127 200	
自变量	影片部分	属性 类型 时长	分类变量 单位：分钟	爱情、喜剧等 14 种 75～156	
		档期 上映时间	电影上映年份 上映档期	年份：2010—2013 年 贺岁档、暑期档、 含黄金周、普通	
		品牌 宣发方	明星私企、 国有宣发公司、 小私营公司、 联合发行	S=明星私企， L=小私营公司， C=联合发行， G=国有宣发	
		IP 是否改编 是否真实 是否翻拍 是否有续集	电影由畅销小说改编 还是原创剧本 电影是否为真人真事 电影是否为翻拍 电影是否会拍续集	改编、原创 是、否 是、否 是、否	
	导演、 演员 部分	导演年代 导演的第几部作品 导演是否得奖 导演是否转型 演员百度指数	定距变量 定比变量 导演是否获过奖 导演是否从演员转型 数值变量	30～80 年代 1～110 是、否 是、否 0～84 936	存在缺失值 存在缺失值

票房收入

本案例的因变量 Y 是票房收入，其直方图呈现右偏分布（见图 3-5）。票房最高为 127 168.1 万元，是影片《人再囧途之泰囧》，导演：徐峥；票房最低为 1 010.16 万元，是影片《举起手来（之二）追击阿多丸》，导演：冯小宁。不过，电影票房过 2 亿元的影片数量较少。由于低票房的影片数量较多，从而降低了整体影片票房的平均水平。

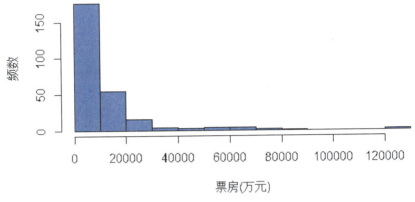

图 3-5　票房收入直方图

描述性分析

首先，对月份进行分组描述，重新定义影片上映档期，即贺岁档、暑期档、普通档、黄金档 1 期（含"五一"）、黄金档 2 期（含"十一"）。从图 3-6 中可以清晰看到贺岁档的平均票房比其他档期的平均票房要高，而黄金档期的平均票房却很不理想。

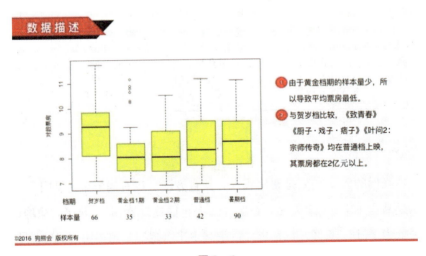

图 3-6

再来考察 IP 电影。简单来说，IP 就是知识产权，可以是一首歌、一部网络小说、一部广播剧、一台话剧，或者某个经典的人物形象，哪怕只是一个字、一个短语，把它们改编成电影，就可以称作 IP 电影，比如《栀子花开》《狼图腾》《十二公民》等都是 IP 电影。通过描述性分析（见图 3－7），可以看到 IP 因素将电影的平均票房推向了新的高度，即改编的真人真事、翻拍以及有（是）续集的电影票房都高于虚构的、非翻拍的电影。比如样本中的《人再囧途之泰囧》《将爱情进行到底》《叶问 2：宗师传奇》《武林外传》等均是 IP 电影。

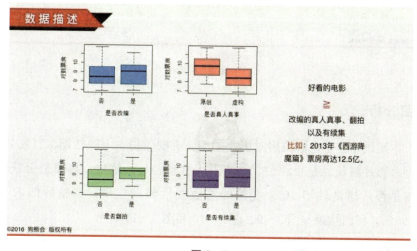

图 3－7

最后看导演因素。导演是一部电影中最核心的元素，实力派导演丰富的拍摄经验会为影片增色不少，有一些观众会因为导演的声望而去关注其更多的作品。另外，从演员转型的导演比导演会演，比演员会拍，是不是会演电影的导演才是好导演呢？从箱线图（见图 3－8）的描述结果可以看到，获过奖的导演的电影平均票房更高，比如样本中的冯小刚、张艺谋、周星驰、陈凯歌等均是获过奖的导演；从演员转型的导演所拍电影的平均票房比非转型的导演所拍电影的平均票房要高，比如样本中的赵薇、徐峥、冯德伦等均是从演员转型的导演。

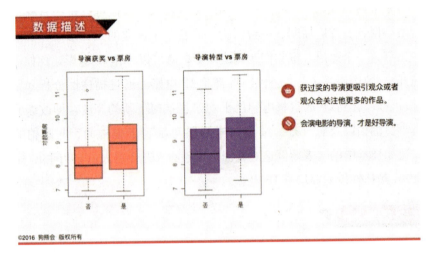

图 3-8

回归分析

本案例建立了电影票房对影片类型、上映年份、上映档期、宣发公司类型、影片时长、是否原创、是否真人真事、是否续集、导演是否获奖、导演是否从演员转型 10 个变量的对数线性回归模型，调整后的 R^2 为 45.95%，回归结果如图 3-9、图 3-10 和图 3-11 所示。

			回归系数	P值	备注
	截距项		5.56	<0.001	常数
影片属性	影片类型	动画	0.22	0.365	基准：爱情影片
		动作	0.20	0.259	
		儿童	-0.11	0.810	
		家庭伦理	-0.38	0.309	
		惊悚	-0.29	0.162	
		警匪	0.34	0.153	
		历史剧情	0.16	0.632	
		励志	0.47	0.303	
		魔幻	0.87	0.002	
		喜剧	0.07	0.688	
		悬疑	1.01	0.006	
		灾难	0.84	0.003	
		主旋律	0.29	0.432	

图 3-9

对数线性回归

			回归系数	P值	备注
影片属性	播放时间	时长	0.03	<0.001	
上映时间	上映年份	2011年	0.26	0.098	基准：2010年
		2012年	0.14	0.367	
		2013年	0.42	0.007	
	档期	暑期档	-0.35	0.019	基准：贺岁档影片
		普通档期	-0.39	0.026	
		黄金档1期	-0.39	0.042	
		黄金档2期	-0.48	0.015	
品牌	宣发方	国有企业	-0.23	0.182	基准：联合企业
		小私营企业	-0.41	0.015	
		明星私企	0.15	0.329	

图 3-10

对数线性回归

			回归系数	P值	备注
IP	是否改编	原创	-0.42	0.042	基准：改编影片
	是否真人真事	非真人真事	-0.02	0.938	基准：是真人真事影片
	是否续集	有续集	0.37	0.019	基准：没有续集
导演	是否得奖	导演得奖	0.30	0.016	基准：没有得奖
	是否转型	从演员转型	0.48	0.003	基准：不是转型

F检验值:8.768, P值<0.01

R-squared: 0.519, Adjusted R-squared: 0.459

图 3-11

总结与讨论对数线性模型的系数估计解读为"增长率"，在控制其他因素不变的情况下，对于影片类型这一变量，悬疑影片、魔幻影片的票房比爱情影片票房平均依次高 101％、87％，爱情类影片与动画类影片票房没有显著差异；影片时长与票房显著相关。相比其他档期的电影，贺岁档影片对票房的影响最大；对宣发公司这一变量，小私营企业与联合公司宣发的影片票房有显著差异。

温馨提醒：进入狗熊会公众号（CluBear）输入文字："电影"，听静静音频！

线性回归——线上女装销量预测

"双十一"剁手季

每年"双十一"到来，就是全民"剁手"的时候。卖家热情促销，买家积极囤货。2015 年"双十一"期间，阿里巴巴集团单日平台交易额达到了 912.17 亿元，昔日的"光棍节"已经彻底变成了购物狂欢节。

数据来源和说明

作为商家，最重要的就是如何合理预估库存、吸引买家眼球；作为广大购物者，想了解的是什么样的衣服顺应时代大家都爱，什么样的已经被最近的潮流淘汰。基于此目的，以某购物网站某年某月销售量超过 100 件的 5 880 款连衣裙为研究对象，通过回归分析探究影响连衣裙销量的多种因素。销售方能借此捕捉流行趋势、了解买家需求、有效定位市场、合理管理库存；而消费者则可以洞悉潮流动态、了解卖家情况并且增加网购经验。

表 3-4 数据说明表

数据描述	变量名称	数据描述
商品本身属性	月销量	取值为 100～2 952 笔
	商品名称	例：雪纺连衣裙夏季长裙修身显瘦小清新 中长款女装 露肩高腰裙子
	商品价格	取值为 59～3 580 元
	适用年龄	分 6 个年龄层：<17 岁，18～24 岁，25～29 岁，30～34 岁，35～39 岁，40～49 岁
	款式风格	例：风格：韩版；裙长：中长裙；袖长：短袖；领型：圆领；袖型：常规；腰型：中腰

续前表

数据描述	变量名称	数据描述
所属店铺信息	店铺所在地	店铺所处城市
	店铺创立时间	分为0～2年店、3年店、4年店、5年店等
	店铺评分	评分包含三方面：描述、物流、服务，取值为4.0～5.0分

描述性分析

样本数据的变量分成商品本身属性和所属店铺信息两大类。

首先，对于商品本身属性做简单的描述性分析。从图3-12可以看出，样本数据中月销量在100～150件之间的连衣裙占比最多，约35.4%。整体而言低价商品更受消费者青睐，月销量随着单价上升而下降。在目标人群方面，市场上以25～29岁女性为目标消费人群的连衣裙数量最多，定位于青少年以及中老年消费者的现有商品数量较少，但其平均销量反而比其他年龄段高，市场潜力较大。

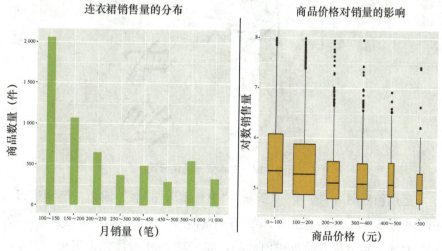

图3-12 连衣裙销量分布以及价格对销量的影响

此外，收集到的数据含有大量的文本（见图 3-13），比如商品名称、款式风格、店铺所在地等。这些信息往往跟销量有很大关系。对这些文本数据进行词云分析，并提取出现频率最高的几个关键词："新款""显瘦""中长款""印花""韩版"等。

图 3-13　文本数据的词云图

运用箱形图对"显瘦""新款""中长款""韩版"四个关键词进行分析（见图 3-14）后，还可以得出许多具体的结论。例如，整体来说，"韩版"对连衣裙销量有明显正向影响，35～39 岁年龄段尤为突出，但是对 18～24 岁年龄段的吸引力却较弱。

将连衣裙高销售量的近 6 000 家店所在城市进行汇总可知，分布在杭

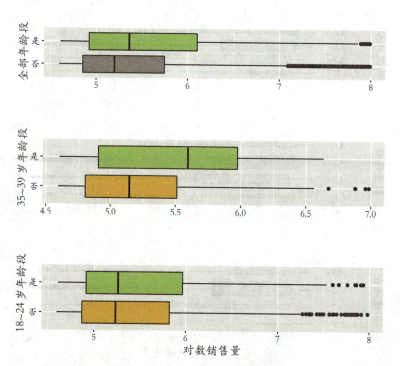

图 3 - 14 是否韩版对销量的影响

州、广州、深圳等东南部沿海及江浙一带的数量最多；而分布在武汉、东莞、杭州、嘉兴等地的平均月销量普遍较高；成立时间与销量无明显相关关系。

作为店铺属性之一，店铺评分会对连衣裙销量产生不同程度的影响（见图 3 - 15）。在样本数据中，物流、服务、描述评分为 4.8 的商品数量最多，评分为 4.7 的其次，但月销量最高的连衣裙三项评分均主要集中在 4.7。

回归分析

为了量化不同因素对连衣裙月销量的效应，用连衣裙月销量对商品价格、部分关键词以及商品目标人群年龄进行了回归分析。

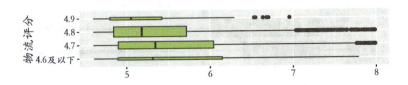

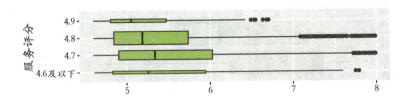

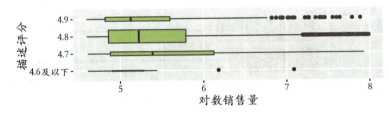

图 3-15　商品评价对销量的影响

表 3-5　　　　　　　　　　回归模型结果

变量		回归系数
	截距项	6.476***
	价格	−0.233***
商品标签	是否韩版	0.079**
	是否新款	0.057**
	是否显瘦	0.103***
	是否中长款	0.124***
	是否印花	0.042
	是否修身	0.054*
	年龄	0.013

***，**，*分别表示在0.01，0.05，0.1的显著水平下显著。

　　发现价格对销量的确有负向影响，符合预期，价格平均增长1%，连衣裙月销量相应减少约 0.23%（为了减少异常值的影响，这里价格和销量都取了对数，所以其对应系数应解释为弹性）。除"印花"外，"新款""显瘦""中长款"等关键词对连衣裙销量均有显著正向影响，其中"中长款"特质能明显提高月销量约 12.4%（这里只有因变量月销量取了对数，所以对应系数解释为增长率）。而年龄对销量的影响并不显著。

另外，本案例还基于描述性统计分析结果，考虑加入年龄和各关键词的交互项并进行第二次回归，探求关键词在不同年龄段的具体作用。

温馨提醒：进入狗熊会公众号（CluBear）输入文字："女装"，听媛子音频！

线性回归——股票投资中的均线策略

背景介绍

本案例以量化投资为背景，介绍时间序列分析的内容。时间序列分析在很多领域中广泛使用，比如经济、金融、气象、生物等。这里，我们看一个时间序列模型在股票投资中的运用案例：移动均线（moving average）策略，这是在股票市场中最经常讨论的投资策略之一。

看到均线这个名字，很自然地会联想到经典的时间序列模型——自回归移动平均模型（auto-regression and moving average model，ARMA）。事实上，均线策略所用的模型就脱胎于 ARMA 模型，只是做了一些简单的修改而已。ARMA 模型可以看做过去的一系列观测值的加权平均，再加上一个随机的冲击。均线策略作为一种典型的技术分析手段，其假设前提是市场并没有那么有效，有一些趋势是可以预测到的。一旦通过某种手段发现一只股票出现了持续上涨（或下跌）的苗头，那就赶紧买入（或卖出）这只股票，可以在接下来的继续上涨（或下跌）中获益。基于 ARMA

模型的思想，如果发现当天的股票价格超过了过去一段时间的平均股价（通常称为向上穿越了均线），这就意味着股票可能进入了上涨的势头。而如果当天的股价低于过去一段时间的平均股价，这可能暗示着股票开始进入下跌通道。这就是均线策略的核心思想。只要定义好每只股票在过去的平均价格水平，然后与过去的平均价格对比，判断是否应该买入或者卖出就可以了。

策略原理

一旦发现某只股票当期的价格向上（或向下）穿越过去一段时间的平均价格水平，就认为该股票发出了进入上涨（或下跌）通道的信号，可以采取相应的交易行为。这种策略称为单均线策略。但单均线策略发现的交易信号可能仅仅是由当天的随机波动引起的，即单均线策略所使用的信号并不那么可靠。如何才能提高信号的可靠性呢？本案例介绍两种最基本的修正方法：双均线策略和自适应均线策略。

双均线策略

为了确认价格确实进入上涨通道，一个简单的想法是，既然超越有可能是由随机波动引起的，那么把随机波动平均掉不就可以了吗？统计学的基本常识显示，取平均值是最简单有效的处理方法。基于这个思想，可以设计随后的双均线策略。

具体来说，定义一长一短两个期限，如果发现过去较短期限（N 期）的平均价格（短期均线价格），向上超过了过去较长期限（M 期，$M>N$）的平均价格水平（长期均线价格），就比较有把握判断股票价格确实开始进入上涨通道，应该买入。在买入之后，一旦发现短期均线向下穿越低于长期均线，就认为股价开始下跌、不再上涨了，这时应该卖出股票。每间隔一段时间（H 期，也称为建仓间隔期）就比较所有备选股票的短期均线和长期均线的价格，然后决定该买入哪些股票，以及已经买入的股票时是否该卖出。

自适应均线策略

在强化交易信号的可靠性时，还可以使用另外一种思路。在对比当天价格与历史价格的平均水平时，如果在过去一段时间内价格的波动很大，即股价走势不那么清晰时，需要较长时间的历史数据才能更可靠地测度过去的平均价格水平；而如果股价的走势已经很清晰，则只需要较短时间的数据就可以测度过去的平均价格水平，也就是说，在测度过去的平均价格水平时，不再使用一个固定不变的期限，而是根据市场状况选用或短或长的期限，来更灵活地测度。

具体来说，在每一期对每只股票先计算一个刻画市场走势是否明朗的指标。最常使用的一个指标是市场有效性比率（efficiency ratio），即用一段时间的价格净变动（即当期的价格减去最早一期的价格），比这一段时间的累积价格变动（即把每期价格变动的绝对值加总）。有效性比率越高，说明市场的走势越清晰，应该用越短期限的平均价格；反之，应该用更长期限的平均价格。然后对比当期的价格和历史价格的均线，如果当天价格向上穿越了均线，就买入股票。对于已经买入的股票，如果发现当期价格向下穿越了均线，就卖出该股票。每隔一个建仓间隔期，重复前述步骤。

与双均线策略强调提高信号的可靠性略有区别，自适应均线更强调策略的灵活性，以便更好地适应市场的不同状况，以期达到提升策略表现的目的。

策略实施与评价

数据准备与策略实施

本案例运用 2005 年 1 月 1 日至 2016 年 9 月 12 日全部 A 股的周度收盘价（前复权）数据，通过 R 语言编程，对前述两种均线策略展开实证检验。特别说明的是，为了保证价格对比的有效性，需要使用考虑了配股和分红的前复权价格。因为一旦分红或配股，价格必然会发生很大变化，简单地对比原始价格，很容易得到错误的交易信号。另外，本案例使用的是周度数据，现实中可能更常用的是日度数据。事实上，运用基于技术分析的策略时，通常使用的是相对高频的数据，很少使用月度等低频数据。但无论何种频率的数据，均线策略的逻辑不变。

　　对于双均线策略，还需要考虑两种均线期限和建仓间隔期限的选择。具体的数据准备工作与初始设定如图 3－16 所示。这里不考虑做空，因为我国做空成本太高。买入多只股票时，采用等权重加权的方式。

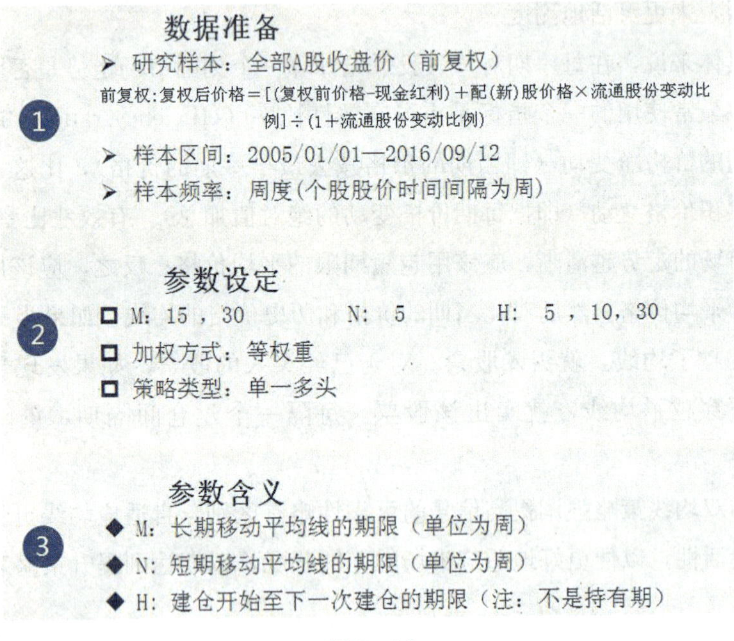

数据准备

①
➤ 研究样本：全部A股收盘价（前复权）

前复权:复权后价格＝[(复权前价格−现金红利)＋配(新)股价格×流通股份变动比例]÷(1＋流通股份变动比例)

➤ 样本区间：2005/01/01—2016/09/12
➤ 样本频率：周度(个股股价时间间隔为周)

参数设定

②
☐ M: 15，30　　　　N: 5　　　　H: 5，10，30
☐ 加权方式：等权重
☐ 策略类型：单一多头

参数含义

③
◆ M: 长期移动平均线的期限（单位为周）
◆ N: 短期移动平均线的期限（单位为周）
◆ H: 建仓开始至下一次建仓的期限（注：不是持有期）

图 3－16

　　基于前述准备，双均线策略的实施可以通过图 3－17 来刻画。从图 3－17 可以看出，策略实施在本质上就是持续监测交易信号，根据信号决定是否买入或者卖出股票。

　　对于自适应均线策略，其交易流程和双均线策略非常类似，不再赘述。

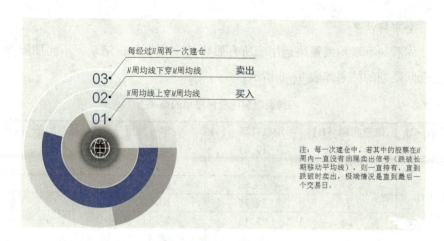

注：每一次建仓中，若其中的股票在H
周内一直没有出现卖出信号（跌破长
期移动平均线），则一直持有，直到
跌破时卖出，极端情况是直到最后一
个交易日。

图 3-17

策略评价

在策略实施后，需要对策略的表现进行评价。直觉上讲，策略的收益越高越好，风险越低越好。在本案例中选用了三个最经典的指标，具体如图 3-18 所示。

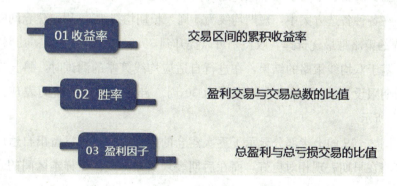

图 3-18

图 3-18 中的前两个指标——收益率和胜率重点在于刻画收益情况，第三个指标盈利因子则综合考虑收益和风险。通常来说，好的交易策略其胜率要大于 50%，即平均每两次交易中至少有一次交易是盈利的，盈利因子要大于 1，即盈利要大于亏损。

全市场结果

先看一下双均线策略运用于所有股票的全市场分析结果。不同期限和建仓间隔期的结果如表 3-6 所示。

表 3-6 不同期限和建仓间隔期的结果

N—M	建仓间隔（H）	平均收益率（%）	胜率（%）	盈利因子
5—15	5	19.34	63.79	5.34
	10	18.55	67.24	5.19
	30	19.68	60.00	5.40
5—30	5	29.77	60.91	6.06
	10	29.16	57.14	5.87
	30	35.33	68.42	7.05

以第 1 行为例，它表示如果短期均线的期限为 5 周，长期均线的期限为 15 周，建仓间隔为 5 周，则每 5 周可以获得的平均收益率为 19.34%，胜率为 63.79%，盈利因子为 5.34。考虑到样本区间前后 12 年的时间跨度包含至少两轮股市的暴涨暴跌，这样的表现还是不错的。仔细对比可以看出，在各种备选方案中，短期均线为 5 周，长期均线为 30 周，建仓间隔为 30 周的策略是最优选择，收益率可以提升到 35.33%。

基于双均线策略的结果，在进行自适应均线策略的测试时，将长期均线的期限设为 30 周，建仓间隔设为 30 周。自适应均线策略的表现如图 3-19 所示。

图 3-19 的上半部分显示了逐次建仓的累计收益，可以看出自适应均线策略在早期表现相对更好，而在后期表现要差一些。全样本区间的表现如图 3-19 的下半部分所示，累积收益率为 21.89%，胜率为 55.56%，而盈利因子为 10.77。相对于最优的双均线策略来讲，自适应均线策略的收益率和胜率更低，但盈利因子更高，也即自适应均线策略的风险更低。

分市场结果

将均线策略不加区分地运用于全部股票的结果看起来还可以，但能否进一步改进策略、提升策略表现呢？最简单的想法是，应该不是所有的股

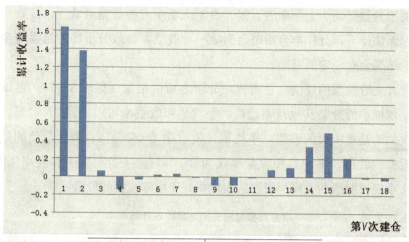

累计收率	21.89%
胜率	55.56%
盈利因子	10.77

图 3 - 19 逐次建仓累计收益水平图

票都会在均线策略上表现良好，可能具有某些特质的股票会在均线策略上有更优异的表现。基于该想法，接下来根据股票的四个重要特征将股票分成几组，分别检验均线策略在不同特征股票上的表现。具体来讲，使用图 3 - 20 中的改进方法。

图 3 - 20

特别注意的是，考虑到实际交易中的数据可得性，当期对市场划分时所使用的数据均为上一期的数据。由于市场中有些数据的缺失，导致一些指标无法计算，分样本分析时会删除一些股票，导致分市场的结果与全市场的结果会有一定的差距。

　　首先看股票的规模（总市值）分组之后的结果（见表 3-7）。可以看出，规模小的股票其收益率最高，平均累积收益率可以达到 77.62%；表现次之的是规模大的股票，平均累计收益率为 66.94%；表现最差的是中等规模的股票，平均累积收益率仅为 37.06%。从盈利因子和胜率来看，也是小规模股票和大规模股票的表现要好于中等规模的股票。

表 3-7　　　　　　　　　　根据股票规模分组之后的统计结果

	平均收益率（%）	胜率（%）	盈利因子	最高收益（%）	最低收益（%）
规模小	77.62	83.33	45.09	372.18	−12.49
规模中等	37.06	73.33	14.14	197.05	−14.61
规模大	66.94	85.71	46.16	279.82	−13.22

　　然后看账面市值比，即股票的账面价值比市场价值分组的结果（见表 3-8）。从表 3-8 可以看出，分组之后的表现比全市场有所提升。而且，不同于根据股票规模分组的结果，中等账面市值比的股票在均线策略上表现最好，平均累积收益率达到 95.62%。账面市值比事实上度量的是公司的成长性，这表明均线策略在成长性很好和成长性很不好的股票上表现一般，但在有一定成长性的股票上表现最好。

表 3-8　　　　　　　　　　　回归模型结果

	平均收益率（%）	胜率（%）	盈利因子	最高收益（%）	最低收益（%）
小账面市值比	69.89	78.57	35.33	436.14	−16.48
中等账面市值比	95.62	69.23	28.89	776.89	−18.81
大账面市值比	55.64	75.00	40.10	270.17	−10.13

　　再来看根据股票的流动性分组之后的结果（见表 3-9）。可以看出，均线策略表现最好的股票是低流动性的股票，接着是高流动性的股票，最

后是中等流动性的股票。但对比根据规模和账面市值比分组的结果来看，根据流动性分组对策略效果的提升并没有那么大，也就是说，对于均线策略来讲，流动性似乎不是那么重要的特征。

表 3 - 9　　　　　　根据股票的流动性分组之后的统计结果

	平均收益率（%）	胜率（%）	盈利因子	最高收益（%）	最低收益（%）
低流动性	49.47	68.75	15.23	284.57	−20.68
中等流动性	35.70	73.33	19.53	184.11	−12.18
高流动性	41.64	63.64	13.51	203.60	−18.84

最后来看根据股票的波动率分组的结果（见表 3 - 10）。可以看出，根据波动率分组确实有助于提升策略的表现。具体来说，随着波动率的上升，均线策略的表现在下降。在波动率最低的那一组，均线策略可以获得平均累积收益率 61.33%，而波动率最高的那一组，其平均累积收益率仅为 18.20%。两组之间的差距非常大。这个结果非常符合对均线策略的认知。因为均线策略就是要发现显著异于历史趋势的交易信号，而对高波动率的股票来讲，其高波动率的特征很容易导致出现虚假的交易信号，这也就不难理解高波动率的股票表现不佳了。

表 3 - 10　　　　　　根据股票的波动率分组之后的统计结果

	平均收益率（%）	胜率（%）	盈利因子	最高收益（%）	最低收益（%）
低波动	61.33	64.29	15.24	467.40	−25.08
中等波动	35.03	69.23	17.37	188.96	−23.37
高波动	18.20	53.85	7.58	97.06	−15.52

总结与讨论

本案例将最经典的技术分析方法之一——均线策略，运用于中国股票市场。通过本案例可以发现，以时间序列模型为基础的均线策略在中国市场有不错的表现，这证明时间序列分析的有用性。通过分市场检验还发现，对股票进行区分有助于提升均线策略的表现，表明均线策略的盈利性可能依赖于股票的某些特征。

温馨提醒：进入狗熊会公众号（CluBear）输入文字："均线"，听康爸音频！

0-1回归——某移动通信公司客户流失预警分析

手机客户流失

手机作为人们日常通信的必备工具，正在发挥着越来越多的作用。通信行业经过了 20 年的发展，现在基本呈现三足鼎立的局势。2011—2016 年，中国移动、中国联通和中国电信的移动客户数增长十分缓慢，市场已经呈现出饱和状态。如何保有现有的用户、避免流失已经成为运营商最关心的问题。

数据来源和说明

本案例的数据来自某城市的移动运营商，其 VIP 客户，每个月有 2% 左右的流失率。这意味着每年 24% 的高价值客户正在流失。能否提前对他们予以识别、干预，并最终挽留，是本案例关心的问题。

传统的客户挽留方法是通过数据分析，发现某位用户本月的活跃程度（例如消费金额、通话时间、通话个数）跟历史相比有巨大变化，那么客服经理就会打电话进行挽留。这一方法有以下缺点：第一，难以界定多大的"变化"算是"巨大"，缺乏科学的依据；第二，挽留滞后；第三，所考虑的指标体系有限，主要依赖于用户的消费习惯，辅以人口统计学指标。结果就是，传统的方法不仅成本高、准确度低，而且经常打扰正常客户。因此希望开发一个系统的客户流失预警模型，帮助企业提前识别高风险流失客户。

为此，利用月度的基础通信数据和通话详单数据，希望在传统的指标变量上构建一些和网络相关的变量。

构建的第一变量是通话人数。如果一个人的联系人数众多，那么他换号的成本就会很高，因此通话人数可以看成客户在这个网络中的社交资本，并且推断拥有的社交资本越高，流失的概率越低。将这个衍生变量定义为个体的度。

在个体的度的基础上，又定义了两个衍生变量：联系强度和个体信息熵。联系强度是指和该用户通过电话的所有人的平均通话分钟数；个体信息熵是指和该用户通话的所有人中平均每人通话分钟数的分布情况。由于需要建立一个预警模型，所以建模时所有的自变量来自当月，因变量（是否流失）来自下一个月，具体的变量如表 3-11 所示。

表 3-11　　变量说明表

	变量名	详细说明	备注
因变量（下月）	是否流失	1=流失；0=不流失	流失率 1.27%
自变量（当月）	在网时长	连续变量，单位：天	数据截取日减去入网时间
	当月花费	连续变量，单位：元	统计当月的总花费
	个体的度	连续变量，单位：人数	$D_t = \sum_{j \neq i} a_{ij}$
	联系强度	连续变量：分钟/人	$T_i = \frac{Total\_Comm_i}{D_i}$
	个体信息熵	连续变量	$E_i = -\sum_{a_{ij}=1} p_{ij} * \log(p_{ij})$
	个体度的变化	连续变量，单位:%	（当月个体的度-上月个体的度）/上月个体的度
	花费的变化	连续变量，单位:%	（当月花费-上月花费）/上月花费

说明：由于本案例关注的是预警模型，所以在后续的建模中关注的是当月的一些自变量是否会对下月的流失产生影响，这样模型可以做到提前预警。

描述性分析

在进行回归分析之前，首先对各个自变量进行描述性分析。选取其中一个月份的数据进行分析，描述性分析结果如表 3-12 所示。

表 3 - 12　　　　　　　　　　　自变量描述性分析结果

变量	均值	中位数	最小值	最大值
在网时长（天）	1 257.4	994.7	184.0	4 479.6
当月花费（元）	161.1	135.9	−2.8	511.1
个体的度（人数）	66.6	54.0	−0.4	304.0
联系强度（分钟/人）	9.8	8.0	−2.4	62.5
个体信息熵	2.9	3.0	0.0	5.3
度的变化（%）	0.04	0.0	−1.0	7.3
花费的变化（%）	0.007	0.0	−1.0	2.7

说明：出于对合作企业数据隐私的保护，无法提供最原始的数据，因此本案例仅提供了两个月的自变量数据，并且添加了随机扰动项，形成了本案例的示例数据。所以从描述性分析开始，以下分析的结果仅供参考。虽然数据是加了随机扰动项的结果，但变化的趋势几乎是一致的。

　　从上述描述性分析中可以看到，有些变量存在异常值的现象，例如度的变化中位数是 0，而最大值有 7.3。对于异常值的确定并没有一个非常通用的客观评价标准，在本案例中我们用均值加减 3 倍标准差作为判断异常值的标准。异常值的存在会极大地影响模型估计结果，所以在建模前对异常值的处理是十分必要的，所以本案例经过异常值处理后，用于建模分析的样本量为 44 517。

　　接下来选择个体的度、联系强度和个体信息熵这三个自变量进行分组箱线图分析。其中 1 代表流失组，0 代表非流失组，具体结果如图 3 - 21 所示。

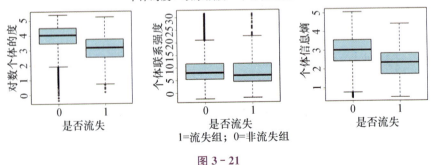

图 3 - 21

　　从图 3 - 21 可以看出，对于个体的度这一指标，平均来说流失客户的个体的度要小于非流失客户，说明要流失的客户已经基本没有通话行为了。联系的强度在流失与非流失人群中的差异并不大，但也能看到流失组的平均联系强度要低于非流失组。最后是个体信息熵，流失组的个体信息熵平均要低于非流失组。个体信息熵越小，说明通话分布越集中，那么意味着客户流失的成本越低，所以流失的概率就越大。接下来将对数据进行回归分析，找出对客户流失产生显著影响的因素。

回归分析

采取逻辑回归来进行建模，模型结果如表 3-13。从模型的结果可以看出：（1）在控制其他变量不变的情况下，在网时长越长，流失概率越低；（2）当月花费越高，流失概率越低；（3）个体的度越大，说明通话人数越多，此时流失概率越低；（4）联系强度越大，说明平均通话人数越多，此时流失概率越低；（5）个体信息熵越大，说明通话分布越均匀，此时流失概率越低；（6）个体的度的变化变大，说明通话人数有所增加，流失概率变低；（7）花费的变化变大，说明花费有所增加，流失概率变低。

表 3-13　　　　　　　　　回归模型结果

变量名	标准化估计系数	标准误	P 值
截距项	-5.119	0.077	<0.001
在网时长	-0.313	0.067	<0.001
当月花费	-0.244	0.060	<0.001
个体的度	-0.840	0.138	<0.001
联系信息熵	-0.180	0.084	0.033
个体度的变化	-.0370	0.045	<0.001
花费的变化	-0.133	0.045	0.003

为了计算模型的预测精度，给出了覆盖率—捕获率曲线。覆盖率—捕获率曲线的定义如下：根据模型给出每个样本的预测流失概率值，按照预测值从高到低对样本进行排序，例如只覆盖前 10% 的样本，计算对应的真实流失的样本数占所有流失样本数的比例，记为捕获率，以此类推。覆盖不同比例的样本，就可以计算不同的覆盖率对应的捕获率，从而得到覆盖率—捕获率曲线。

根据模型得到的覆盖率—捕获率曲线如图 3 - 22 所示。其中横轴为覆盖率，纵轴为捕获率。可以看出，本模型的精度可以用 20％左右的覆盖率获得 60％左右的捕获率，这是一个相对比较高的精度。建立流失预警模型可以帮助企业更好地进行客户关系管理，对高风险客户做好客户关怀，尽最大努力挽留，加强企业抗客户流失风险的能力。企业还可以设立一套基于该模型的流失预警体系，根据成本预算来选择不同的覆盖率，对客户进行实时的打分预测。一旦预测的流失概率超过了设定的阈值，预警体系就可以发出警告，告诉企业需要重点关注该客户。

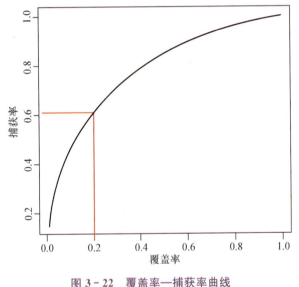

图 3 - 22　覆盖率—捕获率曲线

温馨提醒：进入狗熊会公众号（CluBear）输入文字："客户流失"，听静静音频！

0 - 1 回归——车险数据分析与商业价值

背景介绍

随着道路交通行业的持续发展，我国民用汽车保有量呈现逐年快速增长的趋势。截至 2015 年年底，我国民用汽车保有量达到16 284万辆，比 2014 年年底增长了 11.6%。[①]

汽车行业的繁荣为车险市场提供了蓬勃发展的平台，为车险产品带来了广阔的发展空间。车险产品主要通过汽车因素、驾驶人因素和环境因素三个方面衡量被保险人的风险水平，从而确定保费。此外，司机的驾驶行为也是衡量风险的重要因素，对车险保费定价有指导作用。

数据来源和说明

表 3 - 14　　　　　　　　　　数据说明表

变量类型		变量名	详细说明	取值范围	备注
因变量		是否出险	定性变量（2 水平）	1 代表出险；0 代表未出险	出险占比 28.46%
自变量	驾驶人因素	驾驶人年龄	单位：岁	21～66	只取整数
		驾驶人驾龄	单位：年	0～20	只取整数
		驾驶人性别	定性变量（2 水平）	男/女	男性占比 89.18%
		驾驶人婚姻状况	定性变量（2 水平）	已婚/未婚	已婚占比 95.15%
	汽车因素	汽车车龄	单位：年	1～10	只取整数 建模时离散化
		发动机引擎大小	单位：升	1～3	建模时离散化
		是否进口	定性变量（2 水平）	是/否	国产车占比 70.16%
		所有者性质	定性变量（3 水平）	公司/政府/私人	私人车占比 71.50%
		固定车位	定性变量（2 水平）	有/无固定车位	有车位占比 83.77%
		防盗装置	定性变量（2 水平）	有/无防盗装置	无防盗装置占比 77.60%

[①]　国家统计局（www.stats.gov.cn）。

本案例使用了某保险公司提供的车险数据，共 4 233 条记录。数据共
包含 11 个变量（见表 3 - 14），其中，因变量为某年度的车险理赔金额，
当理赔金额为 0 时，代表当年没有出险；当理赔金额大于 0 时，代表实际
的出险金额。由此，将因变量处理成 0 - 1 变量，即某年度是否出险，通过
后续建模挖掘影响出险行为发生与否的重要因素。自变量即为相关影响因
素，分为汽车因素和驾驶人因素两类。

描述性分析

驾驶人因素包含 4 个变量：驾驶人年龄、驾驶人驾龄、驾驶人性别和
驾驶人婚姻状况。通过简单的描述性分析（见图 3 - 23），可以看出出险和
未出险驾驶人年龄的平均水平（中位数）和波动水平的差异并不明显；出
险驾驶人驾龄的平均水平（中位数）要明显低于未出险驾驶人，说明新手司
机更有可能出险；女性驾驶人的出险率更高，但样本量远小于男性驾驶人；
未婚驾驶人出险率略高，但样本量远小于已婚驾驶人。由此得出初步的结

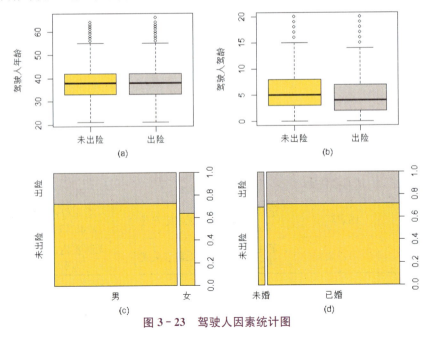

图 3 - 23 驾驶人因素统计图

论：驾驶人的性别和婚姻状况可能对出险行为有影响。然而，这种影响也可能是由于数据本身的样本量差异形成的。

汽车因素包括 6 个变量：汽车车龄、发动机引擎大小、是否进口车、所有者性质、是否有固定车位和是否有防盗装置。首先将车龄变量和引擎大小变量进行离散化处理，即将车龄为 1 年的看作新车，车龄大于 1 年的看作旧车；将引擎小于等于 1.6 升的看作普通级，引擎大于 1.6 升的看作中高级。由图 3-24 可以看出，新车出险率更高，普通级车出险率更高。因此可以初步判定汽车车龄和车辆级别会影响出险行为。

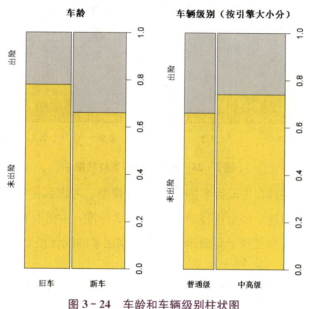

图 3-24　车龄和车辆级别柱状图

由图 3-25 则可以看出，有防盗装置、有固定车位、进口车以及私人车的出险率略高。值得注意的是，样本量在有无防盗装置、有无固定车位、是否进口车和所有者性质的不同水平之间，分配并不均匀。因此，这种差异是否显著，需要借助后续建模结果进行判断。

通过对数据的描述性分析，本案例认为汽车本身的属性特征、驾驶人的特征都可能会影响出险行为的发生与否。为了深入挖掘影响出险的显著

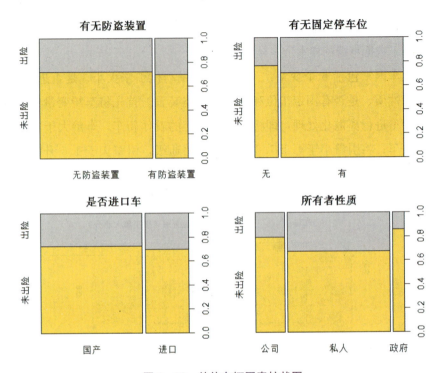

图 3-25　其他车辆因素柱状图

因素，本案例将建立出险因素的 0-1 回归模型。考虑到模型涉及诸多自变量，本案例试图建立模型选择的 AIC 和 BIC 标准，并综合模型的复杂程度和预测精度，选择最利于刻画出险行为影响因素的统计模型。

回归模型

表 3-15 展示了 AIC 模型的回归结果。

表 3-15　　　　　　　　　　　AIC 模型估计结果

变量	AIC 回归系数	显著性	备注
截距项	−1.252	***	
中高级车	−0.304	***	
新车	0.364	***	
有防盗装置			
有固定车位	0.212	*	

续前表

变量	AIC 回归系数	显著性	备注
进口车	0.158	*	
所有者性质——私人	0.351	***	基准组：企业
所有者性质——政府	−0.332	.	
驾驶人年龄			
驾驶人驾龄	−0.028	**	
女司机	0.174		
驾驶人已婚			
模型似然比检验	p 值＜0.001		

说明：*** 代表 0.001 显著；** 代表 0.01 显著；× 代表 0.05 显著；. 代表 0.1 显著。

对于 AIC 模型的 7 个显著变量而言，若控制其他影响因素不变，对于车辆级别而言，普通级车辆（引擎小于等于 1.6 升）比中高级车辆（引擎大于 1.6 升）更可能出险；对于车龄而言，新车更可能出险（车龄为 1 年）；对于有无固定车位而言，有固定车位的车辆更可能出险；对于是否为进口车而言，进口车比国产车更可能出险；对于所有者性质而言，私家车最可能出险，其次是公司的车，最不可能出险的是政府车辆；对于驾驶人驾龄而言，驾龄越大，越不可能出险（相对于老司机，新手司机更可能出险）。

综上所述，较可能出险的车辆具有如下特征：新手司机、进口车、私家车、有固定停车位、新车（车龄为 1 年）、普通级车（排量小于等于 1.6 升）。

商业应用

通过车险数据的出险因素统计模型，可以得到一些十分具有应用前景的信息。

个性化车险定制

近年来国外保险公司产生了一种新的车险费率厘定模式，即 UBI 驾驶人行为保险。UBI 的理论基础是驾驶习惯良好的驾驶员应获得保费优惠，保费取决于实际驾驶时间、具体驾驶方式等指标的综合考量。保险公司可以直接检测和评估驾驶行为，当车辆发生事故时，车载设备记录下的事故速度以及相关信息会使得理赔评估和处理更有效率。

前文中的出险因素模型即可应用于 UBI，制定个性化车险产品。根据影响出险的显著因素（如车龄、驾龄），对其出险概率进行预测，并根据预测结果及驾驶人驾驶特征制定适当的保费标准。不仅如此，还可以进一步结合驾驶行为数据，制定基于驾驶行为的 UBI 车险产品，如对具有良好驾驶行为特征的驾驶人给予保费优惠，对具有不良驾驶行为习惯的驾驶人适当提高保费。

人群细分

上述出险因素模型还有一个十分有价值的应用领域：出险人群细分。大致做法是：首先按照 AIC 模型的预测出险概率进行从高到低排序，然后将排序后的驾驶人等分成 5 份，代表从高到低 5 种不同风险人群。将人群进行了细分之后，可以计算这 5 种人群的实际出险概率。经过计算，根据 AIC 模型识别出的低风险人群占总人群的 20%，而其实际出险率只有 17%，比样本的整体出险率 28% 低了 11 个百分比。模型比较好地识别出了不易出险人群。对于人群风险等级的划分，也可以应用到 UBI 车险产品中，对高风险人群收取高保费，对低风险人群适当减少保费。

温馨提醒：进入狗熊会公众号（CluBear）输入文字："车联网"，听水妈音频！

0-1 回归——点击率预测
在 RTB 广告投放中的应用

RTB 背景知识

如果在 2016 年 12 月 29 日打开 12306 APP，很可能会在 APP 完全打开前看到图 3-26 中的 3 个广告：魅蓝手机、农行信用卡、滴滴打车。广告很应景，和回家过年有关。这种广告在行业里叫开屏广告，APP 上还有很多种广告，包括条幅广告、源生广告（如朋友圈广告）等。

图 3 - 26 12306 APP 的开屏广告

下面对手机广告进行详细介绍：

第一，为什么 APP 上有广告？因为 APP 也要赚钱。除了极少数可以靠增值服务来赚钱的 APP，其他 APP 很难向用户收费，所以只能让用户看广告。APP 是手机广告这个行业的供给方，供给的是广告位。

第二，为什么有人要在手机 APP 上打广告？广义地讲，有人要卖东西。为什么不去电视上打广告呢？去百度也行啊！大数据研究表明，很多人没了手机会死，而没了电视或者搜索引擎并不会。哪些人在打广告呢？从大银行到小农场主，想卖东西的，都可以来打广告。所以，这里出现了这个行业中的需求方，就是想要卖东西打广告的人。他们需求的也是广告位。

第三，市场是如何形成的？供给方、需求方都有了，市场也就成了，可以像菜市场买萝卜、卖萝卜一样自发地运转下去了吗？事实不是这样的。在中国，APP 数是百万量级，中小企业数是千万量级，想打广告的人也差不多这个数，买方卖方做组合，就是 100 万乘以 1 000 万这个水平。所以，还需要三种角色：两个代理人分别代表买方和卖方，一个交易平台负责收付款、发货、送货等。

第四，两个代理人的故事。一个叫 SSP（supply side platform），即供给方平台，帮助 APP 卖广告位。另一个叫 DSP（demand side platform），即需求方平台，帮助千万广告主买广告位。

DSP 帮广告主买来的广告位，广告主未必全认可，要看点击率。那么如何在众多 APP 广告页面中找到最能让广告主满意和效果最好的广告位呢？这就为数据分析提供了机会。

第五，ADX 平台的出现。ADX 平台（ad exchange），即广告交易平台，其主要职能就是向 DSP 收钱，向 SSP 付钱，从 SSP 收广告位，再打包发给 DSP。

这个行业叫 RTB，即实时广告竞拍，其背后有三重含义：

第一，广告是一条一条现做现卖的。当你打开某个 APP 时，广告位这个产品才生产出来，并且马上卖出去。中国有 13 亿人，有多大挑战可以想象。

第二，实时。从广告位产生到决定打哪家广告，也就 200 毫秒，眨一下眼的时间。

第三，竞拍。一个广告位，可能很多人想买，这怎么办？拍卖。拍卖规则，又名维克里拍卖，就是所有人密封出价，出价最高者得，只需支付第二高出价的价格。

总的来说，实时广告竞拍可以通过图 3 - 27 完美表现出来。

图 3 - 27　实时广告竞拍

回归分析

从上文可以看出，这个行业最有趣的地方在于 DSP 和广告主之间的赌局，如果能预测一条广告会不会被点击，那么就会占据优势和主动。

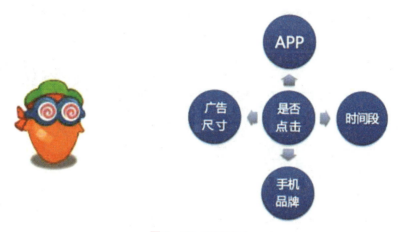

图 3 - 28 预测点击

这种情况下，一般有两个解决办法：一是玄学；二是统计模型。一般都倾向于选择后者。

建模的思路如图 3 - 29 所示。

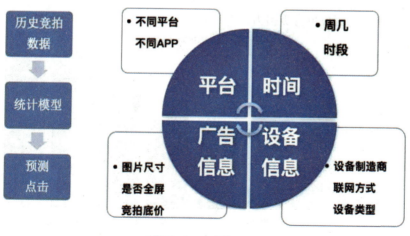

图 3 - 29 建模思路

由于因变量是 $0-1$ 型数据，所以使用逻辑回归模型。模型结果分三个方面叙述：

（1）ADX 平台。和淘宝的 ADX 平台相比，百度平台上的流量的点击率要高一些，而爱奇艺、iWifi 等平台上的点击率要低一些（见图 3-30）。ADX 平台上的点击率不同的可能原因是：不同 ADX 平台上的 APP 媒体不同。

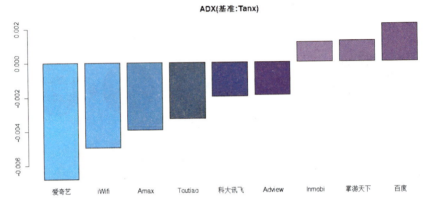

图 3-30　ADX 平台回归系数展示

（2）手机品牌。以 OPPO 为基准，主流手机品牌的点击率都要高一些（见图 3-31）。其中，进口手机如苹果和三星的点击率较高。手机品牌点击率差异的原因可能在于不同手机用户的特征不同，所投放的广告可能对苹果和三星的用户更有吸引力。

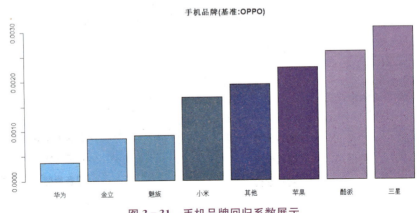

图 3-31　手机品牌回归系数展示

（3）其他变量。其他变量的估计结果如表 3 - 16 所示。

表 3 - 16　　　　　　　　　　　　　　模型的估计结果

变量	估计值	标准误差	Z 值	显著性水平
截距项	−6.57	0.12	−54.79	***
竞拍底价	317.74	46.13	6.89	***
开屏广告	2.36	0.19	12.53	***
移动	−0.12	0.03	−3.50	***
联通	−0.12	0.04	−2.63	**
电信	0.01	0.04	0.19	
Wifi	0.12	0.03	4.21	***
移动数据——未知	−0.27	0.61	−0.44	
移动数据——2G	0.11	0.10	1.19	
移动数据——3G	−0.42	0.23	−1.86	.
移动数据——4G	−0.22	0.11	−1.98	*
平板设备	−0.03	0.15	−0.23	
方形图片	−1.23	0.20	−6.30	***
大号扁长图片	0.26	0.04	7.11	***
其他形状图片	−0.23	0.18	−1.28	
下午	0.18	0.03	6.89	***
晚上	0.19	0.03	6.82	***

说明：*** 代表 0.001 显著；** 代表 0.01 显著；* 代表 0.05 显著；. 代表 0.1 显著。

可以看出，竞拍底价越高的广告，点击率越高；开屏广告的点击率高；未知运营商作为基准，移动和联通的用户点击率明显低；网络设备方面，Wifi 用户的点击率明显高，4G 用户的点击率明显低；和小号扁长图片相比，大号扁长图片的点击率明显高，而方形图片的点击率低；时间方面，下午和晚上的点击率都高于上午。

产业应用

假设已经能够预测一条流量是否点击，那么接下来能做什么呢？记得这行的买卖规则吗？是竞拍，所以当知道了流量的好坏，会做出如下决策：对优质流量出高价，对劣质流量出低价（见图 3 - 32）。

图 3 - 32

如何出价呢？

$$\frac{总出价}{点击率 \times 次数} = 单位点击成本$$

点击率是模型预测的，单位点击成本是自己设定的，那么出价就可以知道了。这么出价有什么好处？假设只有一个竞争对手，对于竞争对手低估的流量，按照维克里拍卖规则，出低价买到了，这是占到了便宜。对于竞争对手高估的流量，是买不到的。有没有可能竞争对手一直高估呢？如果竞争对手花高价买流量回来，成本一定高，因此给广告主的出价也低不了。那我们就可以通过挖墙脚的方式，争取竞争对手的广告主资源了。

温馨提醒：进入狗熊会公众号（CluBear）输入文字："RTB"，听昱姐音频！

定序回归——信用卡逾期数据分析

信用卡逾期

进入移动互联金融时代，持卡人的消费、还款等使用行为已经成为个人征信的重要依据之一。逾期还款会给持卡人留下不良信用记录，会对持卡人今后的贷款等行为的顺利进行造成不利影响。那么，什么样的人容易发生信用卡逾期行为呢？哪些因素会影响逾期行为的严重程度呢？本案例收集了信用卡逾期行为的相关数据，尝试建立统计模型探究持卡人逾期行为的影响因素，并对逾期状态开展预测。

数据来源和说明

本案例所使用数据来自某银行的信用卡用户逾期相关数据，共包含8 371条记录。将用户最近的逾期状态作为因变量，用户的个人特征和行为特征作为自变量（见表 3 - 17）。

表 3 - 17　　　　　　　　　　数据变量说明表

变量类型	变量名称	详细说明	取值范围	备注
因变量	逾期状态	定序变量（8 种状态）	0＝没有逾期； 1＝逾期 1～30 天； 2＝逾期 31～60 天； 3＝逾期 61～90 天； 4＝逾期 91～120 天； 5＝逾期 121～150 天； 6＝逾期 151～180 天； 7＝逾期 180 天以上	建模过程分为两步： （1）0-1 回归； （2）定序回归
自变量	性别	定性变量	男性/女性	男性占比 68.2%
	信用卡使用率	取值越大，使用频率越高	0～12.84	
	信用卡额度	单位：万元	0.1～5	
	住房贷款	定性变量	没有/有住房贷款	无房贷占比 82.9%
	历史逾期行为	定性变量	没有/有历史逾期行为	无历史逾期 51.7%
	开户行为	定性变量	没有/有开户行为	有开户行为 74.0%

逾期状态

因变量逾期状态包含 8 种情况，属于定序数据（ordinal data）。由图

3-33可以看出，频数最高的是没有逾期，其次是逾期31～60天，而逾期90天以上的行为较少。

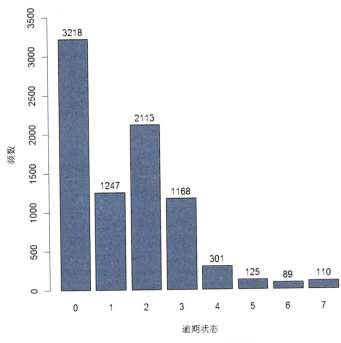

图 3-33 逾期状态分布柱状图

描述性分析

考虑性别、有无住房贷款等自变量与逾期状态之间的关联。从图3-34可以看出，在整体人群中，男性居多，但男女比例在各逾期状态差别不明显；在整体人群中，无住房贷款占比更大，但有无住房贷款的比例在各逾期状态差别不明显；历史逾期行为在各逾期状态差异十分明显，即有历史逾期行为的人更容易发生逾期；在整体人群中，有开户行为的居多，但开户行为在各逾期状态差异不明显。

在信用卡使用率方面（见图3-35），从平均水平看，没有逾期行为的人群，信用卡使用率比有逾期行为的人群低，而有逾期行为的人群的信用

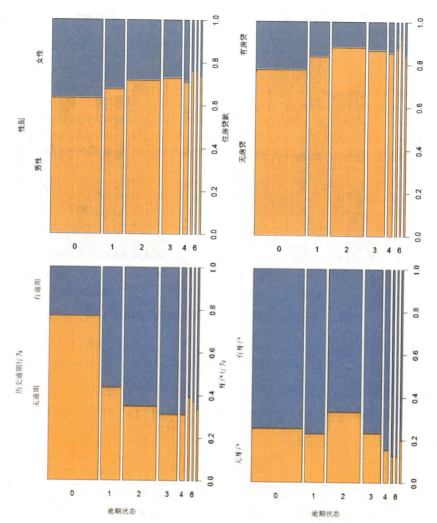

图 3 - 34 性别、住房贷款、开户行为、历史逾期与逾期行为的棘状图

卡使用率并没有明显规律；在信用卡额度方面，从平均水平上看，信用卡额度较低的人群更倾向于逾期。

回归分析

由以上分析可知，信用卡的使用率、额度和历史逾期行为都可能会

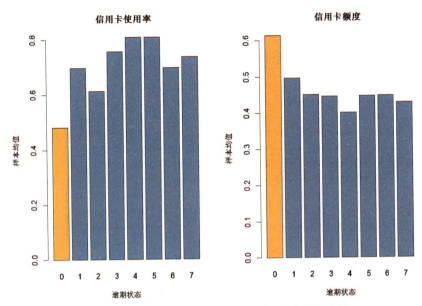

图 3-35　信用卡使用率、额度与逾期行为的柱状图

影响逾期行为的发生。由此,若直接使用定序回归模型进行建模,预测效果会比较差,无逾期行为和逾期 30 天以内无法显著地区分,因此分为两步建模更好:第一步:0-1 回归,预测是否有逾期行为;第二步:定序回归,预测逾期行为严重程度。定序回归模型结果如表 3-18所示。

表 3-18　　　　　　　　　　　定序回归模型结果

变量	logit 模型		probit 模型		备注
	回归系数	p 值	回归系数	p 值	
截距项——1/2	−0.89	∗	−0.55	∗	因变量共 3 个水平,有 2 个截距系数估计值
截距项——2/3	0.90	∗	0.54	∗	
性别——女性	−0.15	∗	−0.09	∗	基准组:男性
使用率	0.18	∗	0.10	∗	
信用卡额度	−0.25	∗	−0.15	∗	
房贷——有贷款	−0.08		−0.05		基准组:无房贷
历史逾期行为 ——有逾期	0.28	∗	0.17	∗	基准组:无历史逾期

续前表

变量	logit 模型		probit 模型		备注
	回归系数	p 值	回归系数	p 值	
开户行为 ——有开户	0.17	*	0.09	*	基准组：无开户行为
全模型似然比 检验	p 值<0.001		p 值<0.001		

说明：（1）＊代表 0.05 显著。
（2）逾期超过 90 天的观测占比很小，直接做定序回归预测效果差，因此将逾期 90 天以上的合并，定序回归建模因变量只有 3 个水平。

由此可以看到，在控制其他因素不变的情况下：（1）男性人群逾期程度比女性人群更严重；（2）信用卡使用越频繁，逾期行为越严重；（3）信用卡额度越低，逾期行为越严重；（4）存在历史逾期行为的人群更容易发生逾期行为；（5）存在开户行为的人群更容易发生逾期行为；（6）有无住房贷款对是否发生逾期行为的影响并不显著。

在本案例中，逾期行为严重程度的定序回归的预测效果差，可能的原因有：（1）自变量较少，缺少对逾期行为严重程度的深入理解；（2）定序回归对于临界值估计的欠缺导致预测效果较差；（3）因变量中严重逾期行为和逾期行为本身没有显著差异。

温馨提醒： 进入狗熊会公众号（CluBear）输入文字："信用卡"，听水妈音频！

计数回归——英超进球谁最强

英超联赛

英格兰足球超级联赛（简称英超）是英格兰足球总会下属的职业足球联赛，是欧洲五大联赛之一，由 20 支球队组成。英超成立于 1992 年 2 月 20 日，其前身是英格兰足球甲级联赛。英超一直以来被认为是世界上最好的联赛之一，节奏快、竞争激烈、强队众多，现已成为世界上最受欢迎的体育赛事，也是收入最高的足球联赛。

英超赛场上诞生了许多伟大球员（见图3-36），已经退役的著名球员包括亨利（阿森纳）、吉格斯（曼联）、阿兰希勒（纽卡斯尔）等。随着科技的发展和大数据产业的兴起，传统的足球赛事逐渐与新兴的数据分析相结合，这种趋势将足球产业的发展推向了新的高度。

姓名：保罗·博格巴　　姓名：塞尔吉奥·阿奎罗　姓名：梅苏特·厄齐尔　姓名：埃登·阿扎尔　　姓名：若昂·穆蒂尼奥
位置：中场　　　　　　位置：前锋　　　　　　　位置：中场　　　　　　位置：中场　　　　　位置：前腰
特点：身体强壮、　　　特点：射门精准、　　　　特点：传球精准、　　　特点：盘带出色、　　特点：创造力强
　　　护球能力强　　　　　　速度惊人　　　　　　　　团队意识强　　　　　　爆发力强　　　　　　跑动出色

图3-36　现役著名球员

数据来源和说明

本案例收集了2012—2013赛季的英超赛事数据。数据集记录了16支球队的部分球员（166位）在当前赛季的各种表现以及下个赛季的进球数（见表3-19）。

表3-19　　　　　　　　　　　　　　　　变量说明

变量类型	变量名	详细说明	备注
因变量	下赛季进球数	计数变量单位：个	—
球员基本情况	球员姓名、年龄、所属球队、球衣号码、场上位置	场上位置是定性变量，有3个水平（前锋、中场、后卫）	年龄和场上位置用于建模
球员出现情况	出场次数、首发次数、出场时间（分钟）	三者正向线性相关性较高	首发次数用于建模

续前表

变量类型	变量名	详细说明	备注
球员射门表现	射门次数、射正次数、进球数（头球、左脚、右脚、任意球、点球、乌龙球）	射门成功率率＝射正次数/射门次数，是评价射手的重要指标	—
球员场上表现	助攻、传球、过人、抢断、赢得点球机会、拦截、解围（头球、后场）、头球争顶成功	单位：次	—
球员犯规情况	越位、犯规、红牌、黄牌	单位：次	—

本案例的数据虽然略陈旧，来自 2012—2013 赛季，但数据分析思路可以借鉴，对于评价球员场上表现以及预测球员下赛季进球有一定帮助。

进球表现

将 2012—2013 赛季英超球队的进球失球比标注在地图上（见图 3-37）。这个赛季的三甲球队分别是曼联、曼城和切尔西。冠军曼联进球数 86 个，在所有球队中遥遥领先，进球失球比高达 2。亚军曼城虽然进球数不多（66 个），但凭借坚固的防守，失球数最少（34 个），进球失球比是 1.94。季军切尔西队的进球失球比为 1.92。

2012—2013 赛季的最佳射手前三名分别是范佩西、苏亚雷斯和贝尔，进球数分别是 26 个、23 个和 23 个。在下一赛季，苏亚雷斯表现突出，一举登上射手榜首位，进球数达到 31 个。而贝尔则在下一赛季转会西班牙皇家马德里。

描述性分析

数据集中的 166 位球员有 86 人是中场，50 人是后卫，30 人是前锋。如图 3-38 所示，2012—2013 赛季贡献了 624 个进球。前锋位置的球员的人均进球数与最大进球数均为最高，30 位前锋共贡献了 264 个进球，占总进球数的 42.31%；后卫球员的人均进球数和最大进球数均为最低。其中，进球最多的前锋为范佩西（26 个），中场为本特克（19 个），后卫为伊万和贝恩斯（各 5 个）。

图 3 - 37　2012—2013 赛季英超球队进球失球比

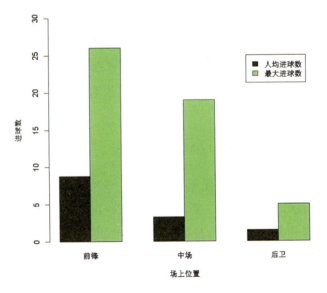

图 3 - 38

因子分析

为了评价球员在场上的整体表现，从数据集中选取了 22 个技术指标进行因子分析。因子分析是多元统计中的降维方法，目的在于寻找影响一组变量的公共潜在因素。这 22 个指标之间的相关性如图 3-39 所示。部分变量的线性相关性较强（例如射门次数和射正次数），数据集比较适合进行因子分析。

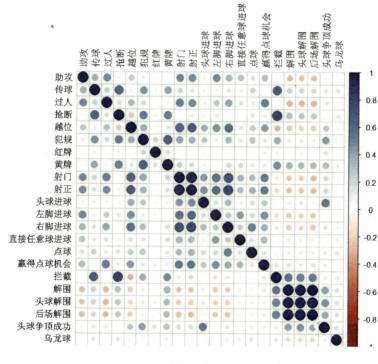

图 3-39

因子分析的结果表明，保留 3 个公共因子，累计方差贡献率可以达到 58.82%。根据主成分法估计的因子载荷矩阵，三个因子分别为进攻因子、防守中场因子和防守后卫因子。根据因子得分，分别找出了在三个因子上得分最高的球员，代表进攻型、防守中场型和防守后卫型球员。进攻能力、防守中场能力和防守后卫能力最强的三位球员分别是苏亚雷斯、阿尔特塔和本特克。

表 3 - 20　　　　　　　　　　三个公共因子得分前 10 名的球员

排序	综合能力强的球员		
	进攻能力	防守中场能力	防守后卫能力
1	苏亚雷斯	阿尔特塔	本特克
2	范佩西	施耐德林	雷德
3	本特克	加德纳	克拉克
4	登巴巴	杰拉德	威廉斯
5	贝尔巴托夫	贝恩斯	胡特
6	马塔	西德维尔	科林斯
7	沃尔科特	卡里克	克劳奇
8	吉鲁	奥斯曼	肖克罗斯
9	费莱尼	诺布尔	阿格尔
10	哲科	兰吉尔	奥谢

因子分析的结果只是基于本案例的样本数据，由于收集到的场上技术指标并不全面（例如传球成功次数、控球时间等关键指标未考虑），对于球员的整体评价无法做到完美。

回归分析

在统计建模部分，本案例利用年龄、场上位置、首发次数、上一赛季进球数以及三个公共因子，来预测下一赛季进球数。由于进球数属于计数型数据，因此选择泊松回归模型。利用 AIC 准则进行模型选择之后的结果如表 3 - 21 所示。

表 3 - 21　　　　　　　　　　AIC 模型估计结果

变量	回归系数	p 值	方差膨胀因子	备注
截距	1.702	<0.001		
年龄	−0.075	<0.001	1.094	
场上位置：前锋	1.475	<0.001	2.278	基准组：后卫
场上位置：中场	0.877	<0.001		
本赛季进球数	0.091	<0.001	1.792	
防守中场因子	0.179	<0.001	1.336	
防守后卫因子	−0.149	0.010	1.411	
模型整体显著性检验	p 值<0.001			

　　AIC 模型保留的变量在 0.05 的显著性水平下均显著。具体而言，控制其他因素不变的情况下，球员的年龄越大，进球数越少；对于场上位置指标，前锋球员、中场球员的进球数都高于后卫球员；本赛季进球数越多，下赛季进球数也越多；防守中场因子得分越高，进球数就越多（防守型中场球员的进球可能性高）；防守后卫因子得分越高，进球数就越少（防守型后卫球员进球可能性低）。这些结论与大众对于足球比赛的认知都是相符的。

　　温馨提醒： 进入狗熊会公众号（CluBear）输入文字："英超"，听水妈音频！

生存回归——新产品在架时长研究

生存数据

　　生存回归起源于医学领域，例如分析癌症病人的存活概率。近年来，生存回归分析被广泛应用于诸如市场营销、人力资源等管理学领域。例如，它可以帮助企业人力资源部门分析员工的离职情况，在客户关系管理中分析影响客户流失的因素等。

　　生存数据的最大特点就是截断，即在某个观测期内，有的个体可以观测到确切的"死亡"时间，而有的个体则观测不到（观测期末仍然存活）。在管理学领域，很多有趣的问题适合采用生存回归分析。本案例就以某超市在售的全品类洗发水数据为例，研究新产品在架时长的影响因素。

数据来源和说明

　　超市中货架产品的摆放是一门学问。超市的货架空间有限，对于新上架的产品，其在架时长会受到哪些因素的影响？合理安排每种产品的在架时长不仅可以有效利用货架空间，而且可以极大地促进超市的整体销售。

本案例所用数据来自国内某大型连锁超市所有在售的洗发水数据，共记录了从 2010 年 7 月到 2013 年 12 月 29 295 条观测。所要研究的是新产品的在架时长，那么如何定义新产品呢？为此可以人为地将 2010 年 7—9 月三个月作为新产品识别期，这三个月在售的洗发水并不是我们的研究对象，所以可以看到，根据本案例的研究问题，观测时间段并不是从 2010 年 7 月开始，而是从 2010 年 10 月开始。当数据清理成适合做生存分析的结构后，接下来我们整理了应用于回归分析的若干自变量，具体变量说明如表 3-22 所示。

表 3-22　　　　　　　　　　　数据说明

变量类型	变量名	详细说明	取值范围	备注
因变量	在架时间	单位：月	2~38	
	是否退架	0-1 变量	1＝退架；0＝在架	
自变量	销量	单位：个数	0~3 549	数据做了变换
	收入	单位：元	0~38 610	数据做了变换
	成本	单位：元	−17.94~37 180	数据做了变换
	规格	定性变量，4 个水平	200ml，400ml，750ml，1 000ml	
	品牌	定性变量，9 个水平	A，B，C，D，E，Ⅰ，Ⅱ，Ⅲ，R	替换了原有数据中的品牌名
	所属公司	定性变量，3 个水平	宝洁、联合利华、其他	根据品牌名进行划分
	功能	定性变量，4 个水平	焗油、去屑、柔顺、其他	根据字段粗略划分

描述性分析

下面对因变量产品的在架时长进行简单的描述性分析。绘制的因变量在架时长的生存函数曲线如图 3-40 所示。

从图 3-40 可以看出，有超过 40% 的产品在架时长都在 30 个月以上。接下来选取几个自变量进行分组的描述性分析。

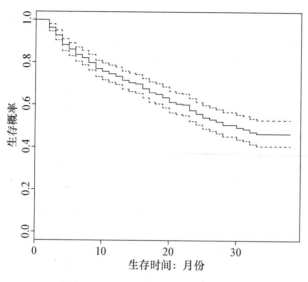

图 3 - 40 在架时长的生存函线曲线

（1）关于洗发水的功能，从图 3 - 41 可以看出，焗油功能的洗发水的生存概率较其他三种功能洗发水的生存概率要大（生存曲线越靠上说明生存概率越大）。

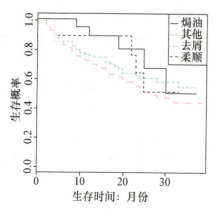

- 焗油功能洗发水的生存概率较其他三种功能洗发水的生存概率要大

- 其他功能洗发水的生存概率最小

图 3 - 41 分组描述性分析——功能

（2）关于洗发水所属公司，从图 3 - 42 可以看出，联合利华公司的洗发水生存概率要明显低于其他两组。总体来看，其他公司的洗发水生存概率较高。其他自变量的分组描述性分析就不在此一一赘述了。

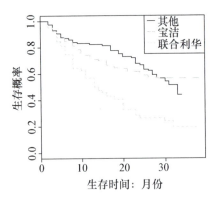

- 联合利华公司的洗发水生存概率要低于其余两组
- 总体来看，其他公司的洗发水生存概率较高

图 3 - 42　分组描述性分析——所属公司

回归分析

对变量进行描述性分析之后，采用加速死亡模型和 Cox 等比例风险模型来对数据建模。

加速死亡模型假设为 Weibull 分布，从两个模型估计的结果来看只有所属公司这个变量是显著的。Cox 模型是对"风险"进行建模，所以 Cox 模型系数估计的方向和加速死亡模型系数估计的方向是完全相反的。以所属公司这个变量为例，在加速死亡模型中，解读为：相对于其他公司的洗发水，联合利华公司的洗发水生存时间更短；在 Cox 模型中的解读为：相比其他公司的洗发水，联合利华公司洗发水的生存风险较高（换言之，生存时间较短，与加速死亡模型的解读一致）。

表 3 - 23　　　　　　　　模型分析——加速死亡模型

变量	回归系数	P 值	备注
常数项	3.85	<0.001	
销量	−0.15	0.408	对数
收入	0.22	0.230	对数
规格：200ml	−0.12	0.821	基准组：1 000ml
规格：400ml	−0.68	0.196	
规格：750ml	−0.35	0.510	

续前表

变量	回归系数	P 值	备注
功能：其他	−0.60	0.139	基准组：焗油
功能：去屑	−0.41	0.329	
功能：柔顺	0.06	0.938	
公司：宝洁	−0.08	0.678	基准组：其他
公司：联合利华	−0.84	<0.001	

表 3－24　　　　　　模型分析——Cox 等比例风险模型

变量	回归系数	P 值	备注
销量	0.23	0.257	对数
收入	−0.32	0.108	对数
规格：200ml	0.13	0.834	基准组：1 000ml
规格：400ml	0.76	0.200	
规格：750ml	0.39	0.524	
功能：其他	0.65	0.158	基准组：焗油
功能：去屑	0.45	0.349	
功能：柔顺	−0.05	0.950	
公司：宝洁	0.20	0.346	基准组：其他
公司：联合利华	0.96	<0.001	

　　本案例具有一定的研究局限性：截断数据较多（约为 64％），导致生存函数置信区间的上限无法估计，因此未来的改进方向是：（1）扩大观测时间段；（2）考虑逻辑回归。具有解释力的自变量个数太少（只有所属公司），有可能是对自变量的定义过于粗糙，比如功能这个变量目前只分离了四个，可以考虑更加细致的划分；此外连续型变量也可以考虑前三个月平均利润、成本等。

　　温馨提醒：进入狗熊会公众号（CluBear）输入文字："静静"，听静静音频！

第四章 / *Chapter Four*

机器学习

　　本章分享另一大类非常重要的数据分析手段——机器学习。那么到底什么是机器学习？它跟回归分析的关系是怎样的？关于这两个问题，每个人的看法是不一样的，这依赖于我们对于"机器学习"和"回归分析"的定义。如果定义回归分析为第三章所分享的各种线性模型，那么机器学习不是回归分析的范畴，因为机器学习所涉及的模型几乎都是非线性的。但是，如果定义回归分析为所有关乎 Y（包括可观测到的和不可观测到的）和 X 的相关性，那么机器学习中的大量方法都是回归分析的范畴，只不过是非线性的。

　　从后一个角度看，典型的机器学习方法（朴素贝叶斯、支持向量机、神经网络、决策树等），同常见的各种线性回归模型，并没有本质的区别。但是，由于机器学习方法大量采用非线性手段，因此对于数据常常具有更好的拟合优度。这种更好的拟合优度并不一定能够转化为更好的预测精度。这非常依赖于具体的数据和应用场景。事实上，简单的方法往往更容易胜出。此外，作为非线性方法，机器学习的模型输出（除了决策树以外），可解读性都不好。当然，在很多应用场景下（例如个性化推荐），解读似乎并不重要。不过，也有很多应用场景，人们需要知道其背后的故事。

简单总结，机器学习代表着一大类非常优秀的数据模型分析方法，是立志成为数据科学家的朋友的必修课。但是，也不要过分神话它，既要看到它的优点，也要看到它的不足。下面就分享一些采用机器学习方法的案例，主要涉及的方法有：朴素贝叶斯、决策树（含随机森林）、神经网络（含深度学习）、K 均值聚类。

朴素贝叶斯——12345，有事找政府

遇到问题，该找谁？

在生活中，常常会遇到一些突发情况，需要诉诸政府部门或是专门的机构来解决。比如，当遇到偷盗抢劫或是打架斗殴等治安问题时，自然会想到拨打 110 来解决；当遇到火灾时，必然会拿起手机拨打 119；当身边的亲人或朋友突发疾病时，可以拨打 120。

然而，日常生活中遇到的问题远不止这些，比如，街边有一个下水道井盖坏了，应该找谁来维修呢？小区附近有一处建筑工地昼夜施工，严重影响了周围居民的休息，应该向谁反映呢？上下班乘坐的公交车总是晚点，又该如何解决呢？事实上，为了方便与市民的沟通交流，解决生活中会遇到的各种各样的民生问题，各地市政府大多开通了政府便民服务电话"12345"，市民可以通过热线向政府部门提出建议、意见或进行投诉、举报等。

图 4-1

市民热线和头疼的老王

通过"12345"政府便民服务电话，市民可以全天候地反映身边大大小小的问题，将自身的诉求诉诸政府部门，以期解决。便民服务电话虽然方便了人民群众的生活，却让电话后台中心的负责人老王犯了愁。市民服务热线实行的是"一号对外、集中受理、分类处置、协调联动、限时办理"的工作机制。也就是说，当市民拨打"12345"热线电话后，电话首先会由呼叫中心热线接听专员接听。热线接听专员接听群众来电后，对能直接解答的咨询类问题，依据知识库信息直接解答；对于不能直接解答的，例如投诉类的电话会通过电脑直接记录下来，然后由经验丰富的工作人员来对这些建议与投诉进行分类，及时转交相关区县、部门办理。相关区县、部门会在限定时间内进行解决，同时将办理结果反馈给市民服务热线。

图 4-2

老王的工作就是将热线接听专员记录下来的建议和投诉信息进行分类，争取迅速、准确地将信息划分到对应的政府职能部门，进行处理。对信息的分类处置，作为"12345"便民热线工作流程中连接市民和政府职能部门的桥梁，其重要性不言而喻。如果不能准确分类，不仅会消耗更多的政府资源，还会拖延问题解决的时间，这就违背了开通服务热线的初衷。

老王的烦恼

老王作为便民服务电话后台中心的负责人，对如何提高建议和投诉信息的分类效率，可谓愁眉不展。后台中心目前都是依靠专门的工作人员的经验来分类，再统一提交到相关的部门，可即使是有经验的老员工也常常出现分错的情况。此外，有经验的工作人员本就不好找，巨大的工作量之下，还频频发生员工辞职或调离岗位的事情。最近，由于市民对政府便民热线越来越熟悉，也越来越认可这样的建议和投诉的方式，通过"12345"热线打来的电话越来越多。老王在欣喜之余却更焦虑了：电话量激增，有经验的员工却不足，分类处理效率亟待提高。

数据，可以解决问题吗？

图 4-3

急得食不知味的老王看着便民电话后台中心里每一条处理记录，心想，要是有什么方法能够将过去的分类经验积攒下来，甚至能够根据市民来电的信息记录自动分类，那就好了。

老王想，最近那么流行数据分析，那数据分析的方法能不能解决自己的问题呢？老王咨询数据科学家之后，开始了他的数据分析之旅。

首先，他从刚刚过去的 12 月份的处理记录中提取了 2 000 条被正确分类的建议投诉信息，包含市民建议或投诉的文本记录，以及最终受理的政府部门。他想看看投诉主要集中在哪些部门，于是对记录中各政府部门的受理数量进行了统计。如图 4-4 所示，12 月，对市水务集团的投诉最多，而市供电公司与市房地产集团收到的投诉最少。老王猜测，这可能是因为该城市为北方的某省会城市，12月份气温极低，水管容易破裂造成街道、楼梯与住房等地方结冰，影响人们的正常生活，故投诉较多。

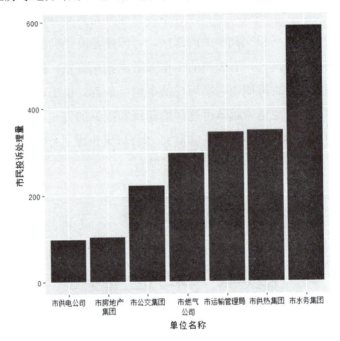

图 4 - 4　12 月份各政府部门的市民投诉量

让计算机"读懂"文本

老王想，不同部门的职能不同，受理的市民问题的内容是不是也会有区别呢？不过，计算机可没法像人一样"读懂"这些长长的文本。为了让计算机能够顺利处理文本数据，老王选择了一种最典型的处理方法。他将每一条投诉建议的文本，对照某种已经存在的词汇表，记录词汇表中每个词在每一条投诉建议的文本内容中出现的次数。通过这样的方法，老王成功地将每一条投诉建议文本转换成了一系列记录着词汇表中每个词词频的数字。

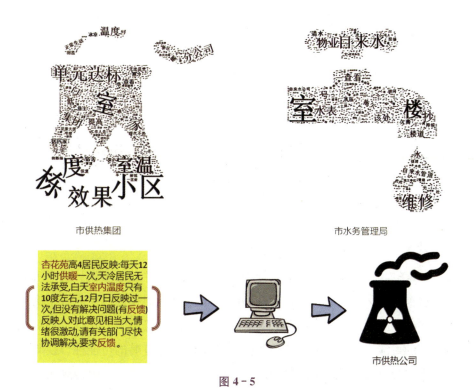

图 4 - 5

　　之后，老王尝试对不同政府部门接到的投诉建议内容中出现的词的次数进行统计，并尝试运用"词云"的方式对结果进行可视化。他发现，供热集团接受的投诉中"室温"与"效果"这两个词出现比较频繁。可以猜测，这些投诉的大致内容可能是在吐槽"供暖后室温很低，效果不好"。而从水务管理局受理的投诉建议内容中，则可以发现"自来水"和"维修"出现的频率比较高，猜测可能是这段时间"自来水表或者管道经常坏，需要维修"。老王注意到，不同部门受理的投诉建议的内容，不仅包含着像这样有趣且有用的信息，似乎还反映了不同部门的职能特点。

用计算机代替人工分类

　　分析到这里，老王心里有了一个猜测，既然不同政府部门的职能不同，受理内容也可以看出有比较明显的差异，那么，这些差异是不是就是所谓的"特征"？可不可以用来帮助实现自动化的投诉建议信息分类呢？老王想，既然不同词汇在不同部门的受理投诉建议内容中出现的次数有高有低，这不就是不同词汇在不同类别的投诉中出现的"概率"不同吗？似乎有一种叫做朴素贝叶斯的模型，可以处理这样的情况。由于投诉建议的内容一般不长，同一个词反复出现的情况并不算多，所以老王直接将词汇表中各个词汇出现的次数，简化为词汇表中各个词汇是否出现。

> Y 变量：投诉建议的受理部门
>
> X 变量：已有词汇表中各个词汇在投诉建议的文本内容中是否出现

朴素贝叶斯分类的核心是贝叶斯定理和特征条件独立假设。就老王面对的这个数据集来说，不同词汇在归属于不同部门的投诉建议内容中出现的概率显然不同，例如，提到"自来水"的投诉建议属于市水务管理局职能范畴的可能性，必然要高于属于市供热集团职能范畴的可能性。换句话说，当看到投诉建议的内容中有"自来水"这个词时，没有其他任何信息，猜一猜这条投诉建议应当划归哪个部门，十有八九会猜市水务管理局。因为出现"自来水"这个词的投诉建议，最后被归属于市水务管理局处理的比例最高。那么，老王辛苦构造的词汇表就可以派上用场了。他可以通过简单统计，得到各个词汇出现时（也就是各个特征）分属于各个类别的概率。对于尚未被分类的样本，老王只需要借助基本的概率论知识，计算出概率最大的那个分类就可以了。

老王运用朴素贝叶斯模型，将 1 600 条投诉建议记录"训练"得到了一个分类模型，并将模型应用于另外 400 条投诉建议记录，尝试预测这 400 条投诉建议记录应该被分到哪一个政府部门（见图 4 - 6）。结果出来后，老王惊喜地发现，模型将投诉建议记录准确分类的概率居然可以达到 95％左右！

老王心里的一块大石头总算是落了地。在过去几年里，便民服务电话后台中心早已累积了许多投诉建议的分类记录，这些分类记录可都是负责分类的工作人员的经验结晶。通过模型，就可以把这些分类的"经验"提取出来，运用于当前的投诉建议分类工作了！而且，运用这样的模型，可以实现计算机自动化分类！自动化处理的准确率相比人工分类要高得多，并且只需要工作人员对误分类的投诉建议进行重新分类就可以了，能够大大减少人工处理的工作量。此外，有经验的员工离职率高、新员工经验不足易出错的问题也得到了解决。至此，老王的头总算是不疼了。

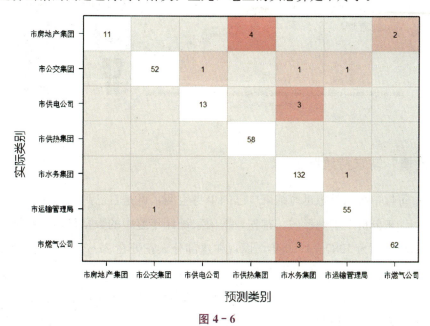

图 4 - 6

温馨提醒：进入狗熊会公众号（CluBear）输入文字："市长"，听政委音频！

决策树——非诚勿扰

用数据破解爱情的密码

谈及爱情每个人都有自己的理解。有人说爱情就是"山有木兮木有枝，心悦君兮君不知"的感觉；有人说爱情就是多巴胺与血清胺随机分泌的结果。古今中外不知多少迁客骚人曾用唯美的语句来赞美爱情的美好，也不知有多少科学家为了帮助单身狗找到人生的另一半挺身而出，挑灯夜战来破解爱情的密码。那么今天就用数据科学的思维来破解爱情的密码。

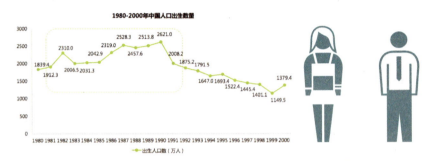

图 4 - 7

"爱情"需求持续旺盛

每位单身狗都想迅速结束自己的单身生涯，可是自己到底为什么单身呢？先来分析下宏观形式。首先，据国家统计年鉴中的数据显示，我国生育的高峰期为 1980—1990 年，而现在这部分人正处在 27～37 岁的婚恋需求高峰期。其次，人口比例失调、流动人口多、生活节奏快这三大魔爪更是伸向了生在大中华、长在红旗下的中国青年。具体来说，由于受中国传统的传宗接代的思想影响，我国存在较为严重的人口性别比例失调现象，这就出现了"狼多肉少"的局面。再次，中国的城市化进程使得大量流动人口涌入大中型城市。到 2016 年，我国流动人口近 3 亿，这些人中的适婚群体遭遇到婚恋方面的各种现实阻碍，单身群体不断延迟婚恋时间，且数量不断增大。最后，城市中的工作和生活节奏变快，人们不得不大大压缩在现实世界中交友的时间。

火爆的婚恋市场

单身狗可以虐，但他们背后的经济潜力却不容小视。爱情这个适婚男女的需求也变成了一种"买卖"，美其名曰婚恋市场（爱情不是你想买，想买就能买）。还记得以前大街小巷电线杆上的征婚广告吗？还记得大大小小的婚介场所吗？进入互联网尤其是移动互联网时代后，不少公司都嗅到了这方面的商机。由于现在的单身狗大多集中于对网吧充满回忆的80后和手机堪比器官的90后，他们更喜欢把自己的梦想寄托于网络，这就催生了互联网婚恋交友市场的崛起。中国互联网婚恋交友市场现已呈现出三足鼎立的态势，即珍爱网、百合网和世纪佳缘三家公司占据了大半市场（见图4-8）。

图 4 - 8

中国式相亲大跃进

图 4 - 9

中国的城市化进程使得生活节奏加快，寻找结婚对象越来越难。因此，越来越多的青年选择了相亲的形式，希望可以更快更好地找到终身的伴侣。从《非诚勿扰》《爱情连连看》到《中国式相亲》，层出不穷的电视节目致力于为相亲助力，促进了婚恋市场的蓬勃发展。据统计，婚恋交友市场在 2016 年已经有近百亿元收入。

图 4 - 10

个人婚恋的核心需求

前文从宏观上对单身狗的处境进行了分析。从微观上，每个单身狗个体的核心需求是如何才能获得异性的芳心。男性是不是一定要"高富帅"？女性是不是必须"白富美"？另外，婚恋网站也想破解这一密码。婚恋网站的核心业务指标就是，如何在最短的时间内帮助有婚恋需求的人找到自己心仪的对象，即对象匹配。婚恋网站一般采用用户直接沟通的方式进行配对，而对于婚恋网站重要收入来源的 VIP 用户，还有相应的线下红娘服务，即通过线下的实体店为适婚男女创造恋爱机会。如果能够破解这一密码，那么线下红娘就可以帮助有婚恋需求的客户提升对异性的吸引力，从而大大增加其配对的成功率。2014 年 8 月，世纪佳缘网站的速配红娘机器人"懂你"上线，这开启了婚恋网站使用数据科学的分析方法来解决速配问题的新篇章。

数据介绍

由于无法获取婚恋网站的个人具体信息，本案例使用了芝加哥商学院的相亲实验数据。该数据是芝加哥商学院雷·菲施曼教授和希娜·延加教授 2002—2004 年组织的相亲实验数据。实验的开始，组织者在该校网站上招募相亲者。志愿者需要在网站上注册，经审核后方可参加相亲活动。注册时需要填写个人信息，包括性别、年龄、族裔、从事领域和兴趣。

Y 变量

相亲过程中，每位相亲者会拿到一张打分卡，用以记录他们的选择和对对方特质的打分。如果相亲者有意愿和对方进一步发展，例如约会，就选"是"，否则选"否"。相亲者的决定即为因变量。而后，相亲者根据 6 个维度为对方的特质打分，给出好感综合得分，并估计匹配成功的概率。如果双方都选"是"，则意味着匹配成功。

X 变量

表 4-1 展示了相亲者的客观条件信息。

表 4-1　　　　　　　　　数据变量说明表

变量类型		变量名	详细说明	取值范围	备注
因变量		决定	定性变量（2 水平）	否/是	是否有意愿进一步发展
自变量	参与者编号	本人编号	定性变量	1～552	编号为 118 的观测缺失
		对方编号	定性变量	1～552	编号为 118 的观测缺失
	客观条件	性别	定性变量（2 水平）	女/男	—
		年龄	单位：岁	18～55	只取整数
		族裔	定性变量：（5 水平）	亚裔/非裔/欧裔/拉丁裔/其他	—
		从事领域	定性变量（18 水平）	医学/历史/哲学/商业等	—
		兴趣	定性变量（15 水平）	运动/看体育赛事/艺术/美食等	—

续前表

变量类型		变量名	详细说明	取值范围	备注
自变量	对方条件	对方年龄	单位：岁	18～55	只取整数
		对方族裔	定性变量（5 水平）	亚裔/非裔/欧裔/拉丁裔/其他	—
		是否同一族裔	定性变量（2 水平）	否/是	—
	约会意愿	日常出门频率	定性变量（7 水平）	一周多次/一周两次/一周一次/一月两次等	—
		日常约会频率	定性变量（7 水平）	一周多次/一周两次/一周一次/一月两次等	—
		对宗教的看重程度	单位：分	10 分制	只取整数
		对族裔的看重程度	单位：分	10 分制	只取整数

描述性分析

从图 4-11 可以看到，参加此次调查的共 551 人，其中女性为 274 人，男性为 277 人。这次实验中的志愿者主要为欧裔，其次是亚裔与拉丁裔。在不同的族裔中，男女比例基本持平。调查中有人未填写族裔选项，故图 4-11 右图的统计人数合计小于参加实验的总人数。

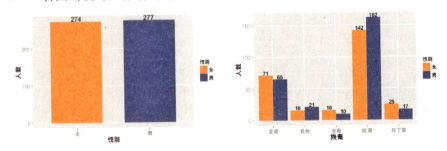

图 4-11　参与实验的人口特征

在正式见面之前，该实验首先调查了所有参与者对于心仪对象的最看重因素，每位参与者主要从 6 个维度（吸引力、爱好、有抱负、幽默感、智商、真诚度）进行了主观打分，得分反映了他们对于各项因素的主观重视程度。雷达图（见图 4 - 12）画出了男性与女性在这 6 个主观维度上的平均打分。有意思的是，男性觉得女性对于自己的吸引力特别重要，而女性更加注重全面发展的男性，对于所约会对象的智商也有所要求。

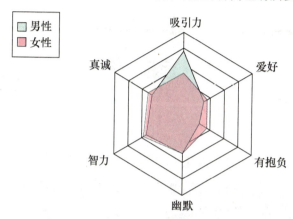

图 4 - 12　实验前男性与女性认为自己看中另一半的因素比重对比

从图 4 - 13 可以看出，个人特质对是否愿意进一步交往有较大影响。从 6 个特质来看，除有抱负外，接受的相亲对象的各特质得分都要高于拒绝的相亲对象。初步可以判断，相亲者如果可以改善这 5 个特质，将会为相亲成功增添砝码。6 个特质中影响最明显的莫过于吸引力和共同爱好，果真是看脸的时代，混爱好就是混圈子。

决策树

基于上述数据，针对不同性别与不同的主客观指标提出四种模型来揭示"爱情密码"（见图 4 - 14）。图 4 - 15 展示了使用主观指标的决策树模型结果。

主观指标模型解锁了男女相亲决策的技能。吸引力对女性是最重要的指标，如果小于 6.8 则拒绝，否则继续判断。如果共同爱好大于 6.5，直接同意；小于 3.5，直接拒绝；如在两者中间，再根据吸引力判断，小于

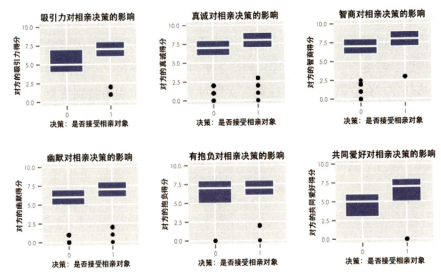

图 4-13　各因素对于是否接受相亲对象的对比箱线图

图 4-14　所采用的 4 种模型

7.2 拒绝，大于 7.2 同意。

　　男性也是先看颜值的，吸引力小于 6.2 则拒绝，否则继续判断。如幽默大于 6.8，则果断同意，否则再判断。如果共同爱好小于 4.5，拒绝，否则同意。

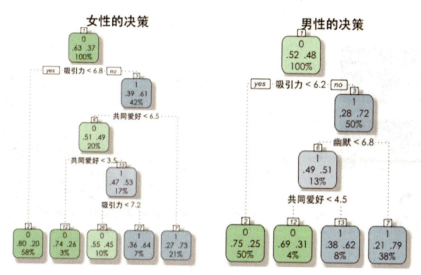

图 4-15　主观指标模型的分类树结果

温馨提醒：进入狗熊会公众号（CluBear）输入文字："相亲"，听政委音频！

决策树——二手车保值比率那些事儿

蓬勃发展的二手车市场

随着城市化进程的持续推进，对很多家庭而言，汽车已经成为日常生活的必需品。因此，近年来不仅汽车产业步步攀升，二手车市场也蓬勃发展。从图 4-16 可以看出，二手车市场持续保持平稳增长，且发展势头渐强，重要性逐步体现。与国外现状相比，我国二手车市场还有较大的发展空间和市场前景。一方面，我国消费者的消费观念在不断转变，对于二手车的接受度越来越高；另一方面，二手车经营模式也在发展完善，不断加速开拓线上交易模式（如处于发展和探索初期的二手车电子商务）。随着 2016 年 3 月 5 日李克强总理在政府工作报告中提到要"活跃二手车市场"，以及 3 月 25 日取消二手车"限迁"政策，二手车市场必将迎来新一波的增长。那么选择什么样的指标来衡量二手车的保值现状？哪些因素影响二手车保值现状？

图 4 - 16

资料来源：中国汽车流通协会。

图 4 - 17

数据来源及说明

本案例收集了来自某二手车线上交易平台截至 2016 年 6 月底的 64 326 辆在售二手车数据，具体包括基本信息（包括使用状况、基本属性、动力情况）、内外部配置和故障排查三个类别的属性变量。具体变量信息如表4-2所示。

表4-2 数据变量说明表

变量类型			变量名	详细说明	取值范围	备注
因变量	Log-保值比率		原价	保值率（报价）/（原价）logit变换	2.260~130.040	Log-保值比率取值范围为 −1.691~2.171
			报价		0.600~91.000	
自变量	基本信息	使用状况	上牌时间	连续变量	0~107	单位：月
			里程	连续变量 略微呈右偏分布	0.010~14.440	单元：万公里
		基本属性	轴距	连续变量 基本呈对称分布	2.175~3.130	单位：米
			汽车厂商	定性变量 共11个水平	排名前十的汽车厂商，以及其他	基准：其他
			变速类型	定性变量 共2个水平	手动、自动	基准：自动
			汽车类型	定性变量 共4个水平	MPV、SUV、两厢、三厢	基准：MPV
		动力情况	排放标准	定性变量 共3个水平	国三及以下、国四、国五及以上	基准：国三及以下
			汽车排量	定性变量 共4个水平	微型轿车、普通级轿车、中级轿车、高级轿车	基准：微型轿车
			最大马力	连续变量 略微呈右偏分布	36~268	单位：ps
		内外部配置	电动天窗	定性变量 共2个水平	1代表有电动天窗；0代表无电动天窗	基准：0
			全景天窗	定性变量 共2个水平	1代表有全景天窗；0代表无全景天窗	基准：0
			真皮座椅	定性变量 共2个水平	1代表有真皮座椅；0代表无真皮座椅	基准：0
			GPS导航	定性变量 共2个水平	1代表有GPS导航；0代表无GPS导航	基准：0
			倒车影像系统	定性变量 共2个水平	1代表有倒车影像系统；0代表无倒车影像系统	基准：0
			倒车雷达	定性变量 共2个水平	1代表有倒车雷达；0代表无倒车雷达	基准：0

续前表

变量类型		变量名	详细说明	取值范围	备注
自变量	故障排查	排除重大碰撞	定性变量共2个水平	1代表存在重大碰撞；0代表不存在重大碰撞	基准：0
		外观修复检查	定性变量共2个水平	1代表存在外观修复；0代表不存在外观修复	基准：0
		外观缺陷检查	定性变量共2个水平	1代表存在外观缺陷；0代表不存在外观缺陷	基准：0
		内饰缺陷检查	定性变量共2个水平	1代表存在内饰缺陷；0代表不存在内饰缺陷	基准：0

说明：为了对二手车的保值现状进行衡量，定义 Log-保值比率为保值率（报价/原价）的 logit 变换，即 log［报价/（原价－报价）］，使其分布于正负无穷之间。该变换为单调变换，并不改变数据中不同车保值率的顺序。

描述性分析

先看因变量的分布。经过变换后，Log-保值比率基本呈现对称分布（见图 4-18），最小值为一辆原价 8.7 万元的吉利汽车；最大值为一辆原价 7.1 万元的华晨汽车。尽管两辆汽车原价相当，但使用时间各异，可以看到吉利汽车上牌时间是 2009 年，而华晨汽车却是 2015 年刚刚上牌。事实上，经过分析，上牌时间确实与汽车保值率有密不可分的关系。

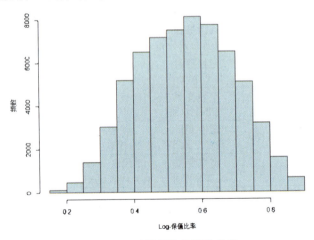

图 4-18   对数保值比率的分布

汽车生产厂商是否也会影响汽车保值率呢？下面统计不同汽车生产厂商对应的汽车保值率（见图4-19）。其中，摘得前三甲的是长安福特、上汽通用五菱、长城汽车等厂商生产的汽车。除此之外，南北大众紧随其后。通过描述性分析可以看出，不同厂商的汽车保值率有所差异。关于汽车品牌保值率排位的进一步探索可以通过在回归分析中控制其他因素后得出。

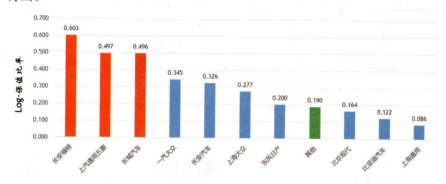

图 4-19 主观指标模型的分类树结果

汽车类型、变速属性也与保值率有所关联。通过描述性分析可以发现（见图4-20），变速属性中自动挡汽车保值性能较好，相对来说大型SUV以及MPV保值率较高。从排放标准来看，更加环保的汽车（国五及以上）保值率较高，实际上，它们的使用时间往往也更短。另外，微型轿车相对于其他轿车而言保值率较低。

针对二手车，其定价中另外一个需要考量的因素是有无损坏。因此，二手车平台往往会出具一份事故排查报告，详细展示该二手车是否出现过外观缺陷、修复等问题。在数据中也发现（见图4-21），发生外观修复以及缺陷的车辆往往保值率较低。

建模分析

下面针对二手车保值率，试图通过机器学习中的决策树模型来解读高保值率汽车与哪些因素相关。为此，对汽车按照保值率进行简单的切分，

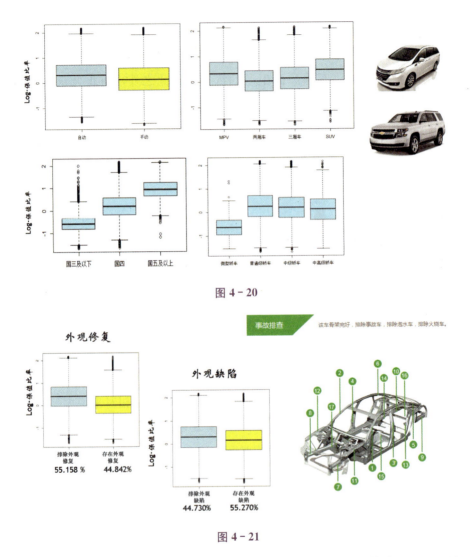

图 4 - 20

图 4 - 21

将排位在 30% 分位数之前的保值率定义为高保值率（取值为 1），否则为 0。

使用决策树建模后可以得到如图 4 - 22 的结果。这里，决策树选择了上牌时间、里程作为最先分裂的两个变量。这说明，上牌时间、里程与保值率有密不可分的关系。由此可见，汽车的保值率主要与其使用状况有关，上牌时间越早、里程越多，表明汽车使用越多，因此折损也越多。

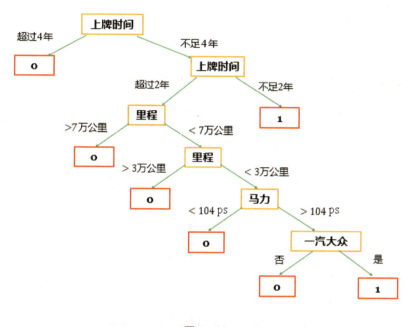

图 4 - 22

在考虑了上述两项因素之后，汽车自身属性，比如动力情况、品牌等对汽车保值率也有影响。例如，当上牌时间超过 2 年但不足 4 年、里程小于 3 万公里时，可以看到马力超过 104ps 的一汽大众汽车具有较高的保值率。

接下来评估决策树的建模效果（见图 4 - 23）。注意到模型的因变量是 0 - 1（即是否为高保值率），可以通过决策树模型得到每个样本点的预测。因此，能够使用评估 0 - 1 分类问题的一般评估方法：ROC 曲线。同样，可以计算出 AUC 值为 90%。这个 AUC 值非常高的原因是上牌时间、里程对因变量具有非常高的解释性。

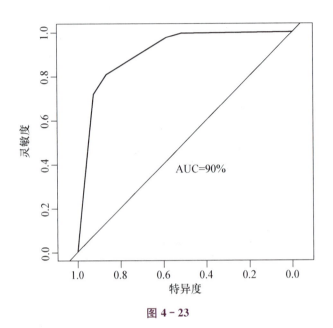

图 4 - 23

温馨提醒：进入狗熊会公众号（CluBear）输入文字："二手车"，听布丁音频！

回归树与提升算法——
世界这么大，想去哪儿看看？

火热的在线旅游市场

一次说走就走的旅行似乎已经成为这个时代年轻人彰显个性的行为。事实上，说走就走比较困难，旅行却成为越来越多人心中的首选。中国产业信息网的数据显示（见图 4 - 24），2015 年，我国旅游总人次达到 42 亿人次，旅游业收入达 4.13 万亿元，市场规模仍在稳步扩大。其中，在线旅游市场增长势头格外迅猛，市场交易规模增长率保持在每年 25% 以上，从 2009 年的 619 亿元增长至 2015 年的 4 000 多亿元。由此可见，人们对旅游的热情确实越来越高涨。

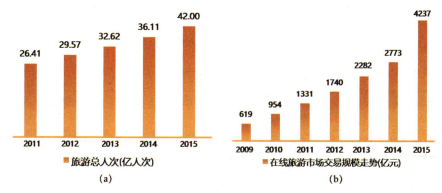

图 4 - 24　2015 年我国旅游市场规模

　　在线旅游市场的蓬勃发展让各大旅行社争先恐后"触网",登陆各大电商平台,同时也催生出大量的网络旅行社。在旅行社雨后春笋般涌现的当下,网上琳琅满目的旅游产品五花八门——不同的目的地,不同的行程安排,不同的服务特点……着实容易让人挑花了眼。那么究竟什么样的旅游产品最受人欢迎? 它们又是凭借什么特点俘获了广大驴友的芳心,成为旅游产品中的爆款呢? 为此,本案例收集了某线上旅行产品网站 2016 年11 月的 4 366 条产品数据,涵盖各种各样的旅行产品,从北京周边一日游到南美多国一月游,从巍巍八达岭到浪漫香榭丽,一应俱全。

图 4 - 25

数据说明

　　为了表示旅游产品的热销程度,用"3 个月成交量"作为因变量,并收集产品的价格信息、目的地信息、行程特色、用户反馈、优惠活动、服务保障等作为自变量信息，具体如表 4-3 所示。

表 4-3 数据变量说明表

变量类型	变量名	详细说明	取值范围	备注
因变量	3 个月成交量	3 个月成交量	每个旅游项目近 3 个月的成交量	0～946	单位：次
自变量	价格信息	价格	每个旅游项目的行程价格	7～252 803	单位：元
	目的地信息	目的地	定性变量	美国、日本等	—
	用户反馈	满意度	每个旅游项目的顾客满意度	≤98%，=99%，=100%	—
		旅行社信用等级	每个项目对应旅行社的信用评级	皇冠、钻石（1～5 钻）	—
		旅行社评分	旅行社评分	4.8，4.9，5.0 分	—
	行程特色信息	旅游类型	定性变量	跟团游、私家团、半自助、自由行	—
		项目档次	定性变量	普通、轻奢、豪华	—
		交通类型	定性变量	飞机、高铁、火车、大巴	—
		酒店档次	定性变量	经济型、舒适型、豪华型	—
		行程天数	定性变量	短期、中期、长期	—
		景点个数	定性定量	少、中、多	—
	优惠活动信息	优惠信息	定性变量	1（包含），0（不含）	1 的比例为 0.5%
		早订优惠	定性变量	1（包含），0（不含）	1 的比例为 0.3%
		多人立减	定性变量	1（包含），0（不含）	1 的比例为 0.5%
		会员价	定性变量	1（包含），0（不含）	1 的比例为 0.5%
		礼品卡	定性变量	1（包含），0（不含）	1 的比例为 95.4%
	服务保障信息	随时退	定性变量	1（包含），0（不含）	1 的比例为 68.0%
		如实描述	定性变量	1（包含），0（不含）	1 的比例为 93.8%
		无自费	定性变量	1（包含），0（不含）	1 的比例为 23.2%
		出行保障	定性变量	1（包含），0（不含）	1 的比例为 10.5%
		铁定成团	定性变量	1（包含），0（不含）	1 的比例为 47.1%
		无购物	定性变量	1（包含），0（不含）	1 的比例为 30.4%

描述性分析：哪些因素与旅游产品销量有关？

说到旅游，必谈两个要素：目的地、价格。由图 4 - 26 和图4 - 27可知，旅游项目的价格主要集中在 5 000 元以下，这是因为数据中国内游占绝对比例（约为 61%）。成交量方面，绝大多数旅游项目成交量都在 30 次以下，分布呈现偏态，爆款并不常见，可见想要打造一个人见人爱的旅游产品确实不容易。不仅如此，不同目的地的成交量、价格也存在显著差异——近者如北京周边游，均价不足千元，其低价位产品的销量几乎是美洲游各类产品销量的两倍之多，而后者均价高达 3 万元。

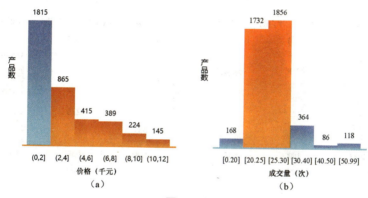

图 4 - 26

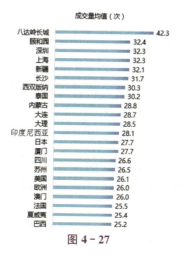

图 4 - 27

　　不同的旅游产品还有着不同的跟团方式，不同的行程长度，不同的交通、住宿等，都可以逐一进行分析。从图 4-28 可以看出，驴友们更倾心于短期行程，它们的时间更方便灵活，价格也往往低于长期行程，更容易促成购买决策。

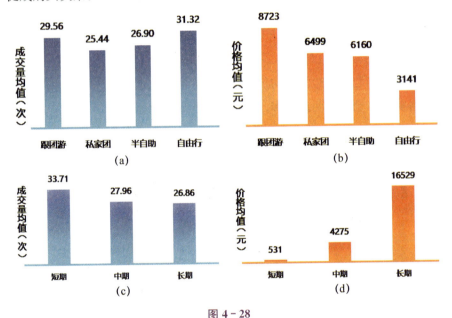

图 4-28

　　说明：行程在 3 天以内为短期，4～6 天为中期，7 天及以上为长期；3 天和 7 天恰为所有项目行程长度的 1/3 与 2/3 分位数。

　　除了旅游行程安排本身之外，作为网上交易大战的重要角色，商家五花八门的优惠活动和服务保障自然也会对产品的成交量产生一定影响，带有优惠活动的旅行产品成交量也相对更高。值得注意的是，虽然有着千奇百怪的优惠方案，但效果最显著的还是最为传统的"会员价"优惠。在网上交易还是希望买个放心，带有服务保障的产品往往都有更高的成交量，其中带有如实描述保障的产品最受驴友的青睐。此外，分析还发现信誉更好的商家一般成交量较高，这也启示商家注重自身品牌管理（见图 4-29）。

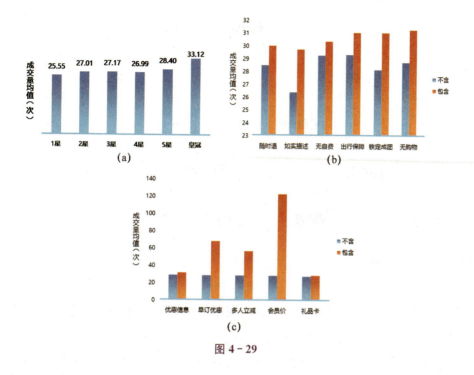

图 4 - 29

建模分析：回归树

接下来，以 3 个月成交量为因变量进行建模分析。首先回忆一下前面提到的"决策树——非诚勿扰"和"决策树——二手车保值比率那些事儿"，其本质是解决了一个 0 - 1 因变量的回归问题，使用的模型是决策树。现在的问题与之前略有不同，因变量是连续型的。有没有类似的机器学习模型是解决这种问题的呢？本案例将介绍一种用于回归的树模型——回归树。回归树的算法模型与决策树非常类似，最大的不同是：该模型主要用于连续型因变量的数据。对以上数据进行建模，可以得到回归树建模输出结果（见图 4 - 30）。

回归树路径解读

由图 4 - 30 可以看出，回归树的生成过程就像是人类分析决策的过程。

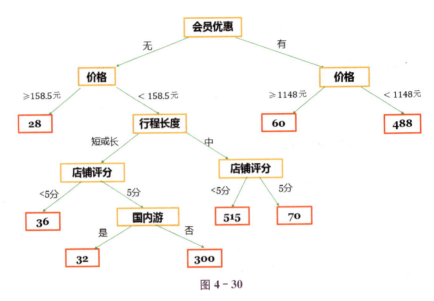

图 4 - 30

从第一个变量（会员优惠）出发，根据不同变量的不同取值，能够得到因变量的不同预测结果。要解读回归树的结果，就要分别对回归树的分支路径进行解读。具体来说，就是要试图回答以下问题：假如一个旅游产品在狗熊会上线，请问其销量大概为多少？下面将回归树最右边的一条路径拆解成问答过程帮助理解。

> 问题：请问您的旅游产品支持会员优惠吗？
>
> 回答：支持。
>
> 问题：那么，您的产品定价是否超过 1 148 元？
>
> 回答：没有，定价为 1 000 元。
>
> 输出：根据回归树建模，您的销量预计为 488！

简单来看，从会员优惠出发（也叫根节点），通过不同路径都能得到一个因变量的拟合值（也叫叶节点）。观察叶节点，总结各个分支，能够发现大概有 3 种类型的产品受到消费者追捧：（1）有会员优惠同时价格适中；（2）5 分好评店铺出售，价格实惠，且非国内游产品；（3）超低价但行程长度适中（4～6 天）的优惠产品。

如何生成回归树？

前文已经解读了回归树的含义，那么问题是：这个树为什么非要长成这样？能有别的样子吗？这些问题与回归树的生成原理有关。

从根节点对应的变量"会员优惠"说起。这里的根节点是第一个分裂的节点，之后其他节点的分裂原理类似。先对应因变量 Y，回归树会逐一测试数据集中每一个自变量，寻找一个对拟合 Y "最有用"的自变量 X。这里的"最有用"可以理解为通过该变量的切分，使得对 Y 拟合性最好（比如，残差平方和最小）。在这个过程中发现的第一个最有用的变量是"会员优惠"，那么数据集就会按照有无会员优惠拆分成两部分。对于每一部分，再重复上一过程：基于这部分样本找到对拟合 Y 最有用的自变量 X 以及分点，这时找到的变量是"价格"。继续进行这个过程，回归树就建好了。

如果无限期地重复这一过程，回归树可以非常大，同时对数据集中每一个节点都"完美"拟合。但是，这样的回归树过于复杂，甚至拟合了数据集中的噪音，如果换一个数据集，预测效果可能会非常糟糕。因此，常常对回归树的复杂度进行限制，比如树不能太深，叶子不能太多……如果感兴趣，可以从机器学习专业书籍中找到更多答案，这里不再赘述。

回归树的组合——随机森林与 XGBoost

在前面"决策树：非诚勿扰"中已经知道，随机森林可以用来组合多棵决策树。对于回归树，也可以用类似的思路。一棵树的拟合与预测效果经常会随着样本变动出现较大偏差，通过多棵树的组合，往往能够得到对因变量更好的拟合与预测效果。图 4-31 展示了随机森林的生成过程。简单来说，通过对数据集进行样本抽样（对行抽样）以及变量抽样（对列抽样）可以构建一系列的回归树，每棵回归树都会输出对因变量 Y 的拟合结果。将所有这些拟合结果求平均，则可以得到随机森林最后的输出结果。这里，随机森林建模过程中使用多少棵树以及每棵树的深度多少，都可以进行合理调整。

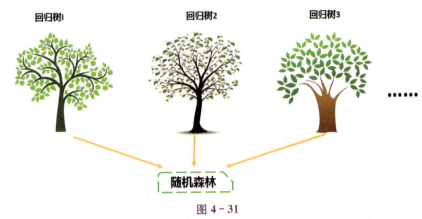

图 4-31

另外一种常见的组合方法是提升（Boosting）方法。这种方法与随机森林的组合方法不同的是，Boosting 方法中的树是序列生成的。简单来说，它生成每一棵树的时候以之前所有的树为基础，朝着最小化目标函数的方向努力。Boosting 树的算法很多，这里主要使用 XGBoost 算法，其他算法的基本思想大致相同。

为了测试算法的拟合与预测效果，常常采用交叉验证的方式。这个方式简单有效，具体来说，可以将数据集随机拆分成 5 折，取其中 1 折（1/5）作为测试集，剩余 4/5 作为训练集，分别计算训练集以及测试集的平方根误差（root mean square error，RMSE）。随机重复该过程 50 次，能够计算 4 个模型在训练集和测试集上的平均 RMSE（见表 4-4）。

表 4-4

	线性回归	回归树	随机森林	XGBoost
训练集	26.82	19.14	15.28	12.34
测试集	26.44	25.89	23.36	24.75

在介绍表 4-4 之前，先简单讲讲交叉验证的原理和效果。这里，在训练集上主要训练模型，但同时，希望训练得到的模型具有比较好的扩展预测的性能。有时，模型充分拟合了训练集的特征，甚至拟合了训练集上的

误差，那么将看到，该模型在训练集上表现"完美"，但在测试集上就会出现预测结果"滑铁卢"的现象（一般称为"过拟合"）。看表 4 - 4 的结果，相比线性回归模型，在训练集上回归树、随机森林、XGBoost 都能够取得非常好的拟合效果。但是，从测试结果来看，4 个模型几乎被拉回同一起跑线……线性回归的测试集与训练集展现了较高的一致性，这表明线性模型具有很好的稳健性质（实际上，这也是线性模型的优势所在）。其他三个模型表现稍好，但是并没有拉开足够大的差距。感兴趣的读者可以在其他案例数据集上测试结果。需要提醒大家的是，在业务实施过程中，往往会结合自身的业务问题、计算成本、复杂程度等因素综合考量、选择模型。

温馨提醒：进入狗熊会公众号（CluBear）输入文字："旅游"，听布丁音频！

深度学习——图像自动识别

图像数据

随着图像采集设备的飞速发展，获得图像类型数据的成本越来越低。我们自己的手机就完全替代了以前的数码相机，并可以采集图像数据。在本书第一章中就已经讨论过，图像是一种数据。图像是如何数字化表示的呢？例如图 4 - 32 中，左边展示的是手写阿拉伯数字 3 的照片，它的像素是 28×28，右边就是其数字化表示，对应着一个 28×28 的矩阵：如果原始图片中的像素是纯黑色，那么在右边的矩阵中取值为 0（未打印出来），否则就在矩阵的对应位置填上 1。一张彩色的图片通常由 RGB 三原色混合而成，故也只需要 3 张对应大小的矩阵即可数字化表示。计算机就是这样"看到"一张图片的。

图像数据和传统数据有些不同。传统数据里，总可以用一个向量来表

图 4 - 32

示一条观测；而在图像中不得不使用一个矩阵。传统数据中，每一个维度都有其具体明确的含义，例如一辆汽车的自重、油耗、最高时速等，或者人类基因组表达数据中的每个基因；而在图像数据中，每个像素自己似乎不具有什么特殊的含义，往往需要一大片像素点放在一起才有含义，并且把图片中的某一部分平移一些、旋转一下，似乎并不影响图像的含义，但其对应的矩阵会因平移和旋转产生天翻地覆的变化。

图像识别

　　深度学习是声名远扬的"黑盒子"，如果不想了解它的原理，那么可以简单地认为它应用于图像识别时就是吃进去一个图片，吐出该图片属于某一类物品的概率。不过，了解一些原理之后，就会觉得这个"黑盒子"也没有那么"黑"。下面将介绍如何利用深度学习中的卷积神经网络教会电脑做图片分类。想要知道如何教会电脑做图片分类，可以先想想如何教会小朋友做图片分类。例如，小朋友通过看水果卡片来区分水果。

　　首先，小朋友会看到水果卡片，这是人眼完成的工作。人眼具有很多神奇的机制，机器至今还无法匹敌，但机器自己也有"看见"图片的方法。机器把图片也当作数据。对于小朋友来说，看到了水果图片，会记住水果的一些特征，例如，橙子是橘黄色的；西瓜是外面绿色，里面红色；草莓的表面不光滑等。也就是说，每个水果都具有自己的特征，只要记住

图 4 - 33

了特征，就能容易地分辨出水果。同样，机器也需要一些特征来区分图片。例如，判断一张图片是人的肖像，一定有一些小区域中包含人的眼睛，这些区域的颜色会深一些，而包含皮肤的区域颜色会浅一些。这样处理之后，所有肖像都有一些共同特征（包含眼睛和皮肤），而风景图片则不会有这些特征，这就能让机器成功地区分肖像和风景。因此，机器在做图像分类时，常常会将图片分成多个小块，用每个小块中的颜色的直方图来作为输入。

　　这么做的原因在于，不同物体的形状和颜色都会有所不同，所以在每个小块中，色彩的分布也应该是不同的。那为什么不用原始的像素直接作为输入呢？因为原始的像素差异太大，同样是肖像，相同位置的像素也可能差异很大，分类的难度也就大大提升。将图片分割成小块，看每个小块中颜色的分布情况，这是人类教给机器的特征。这种方法可以教会机器做图片分类，但是机器的表现并不好，人类很容易区分的图片，机器还会经

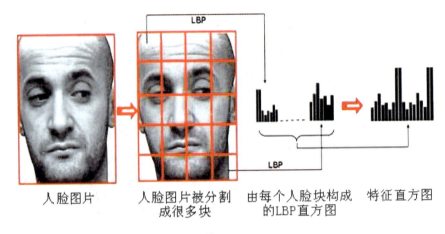

图 4 - 34

资料来源：http://www.advancedsourcecode.com/images/lbp_facerecognition.jpg.

人脸图片　　　　人脸图片被分割　　由每个人脸块构成　　特征直方图
　　　　　　　　成很多块　　　　　的LBP直方图

常犯错误。因此需要检讨这种特征选择方法。

图 4 - 35

　　那么，小朋友是怎么得知水果特征的呢？有人说，水果的特征都是爸爸妈妈教给小朋友的。事实可能并非如此。实际生活中，当小朋友还不能理解颜色和形状的概念的时候，却已经可以分辨出不同的水果。这说明，小朋友可能不需要别人来教他怎样分辨水果，自己就能总结出区分水果的经验。每个小朋友区分水果的方法都不一样。例如，要区分橙子和橘子，可能很难通过一些语言规则说出其区别，但现实生活中大部分人都能成功区分这两者。

深度学习领域的卷积神经网络（CNN）就是不告诉机器用什么特征来分辨图片，而是给机器看很多训练数据，让机器自己想办法总结出一些特征。

下面将详细介绍机器如何自己总结出一些特征。这部分内容技术细节比较多，对这方面不感兴趣的读者可以跳过，只需要理解，深度学习方法可以让机器根据数据自动估计出一些特征，这些特征可以是均值、方差、直方图，甚至是任意的一种线性组合。

深度学习之卷积神经网络

回想一下前文提到的基于小块图片中直方图的人脸识别方法。为什么要作直方图？因为要总结一小块图片的像素信息，像素层面的表现不稳定，但一块区域的直方图（或者其他统计量）是稳定的，这是一种总结概括。为什么要分小块？因为对整个图片的总结概括（直方图）太强了，可能会导致人脸和某种风景画的直方图是一样的。那么问题来了，既不能过度总结概括，也不能不总结概括，把握到什么程度最好呢？再者说，可以用直方图来总结概括，为什么不用方差来总结概括？为什么不用狗熊®统计量来总结概括？为什么不用直方图＋方差＋狗熊®统计量一起总结概括呢？

直方图是一种特定的统计量，方差也是，这种统计量是自己确定的。为什么直方图能帮助做图像分类，而方差不能呢？因为这是经过大量实践后的结论。那数据能不能直接告诉机器应该用什么统计量好呢？下面给出卷积的概念。

卷积

简单地说，卷积与分块看直方图差不多，卷积就是看每一块的加权和，这个加权和的权重是一组参数，是根据数据学习得出的。例如，图 4-36 展示了怎样做卷积（加权和）。这里考察的小块是 3×3 大小，中间 3×3 矩阵这种加权方法最好，这个 3×3 的矩阵就叫做卷积核，原始图片的 3×3 的小块与卷积核对应位置相乘，最后再相加就得到了一个实数，用这个实数总结原始图片 3×3 的小块的信息。例如图 4-36 中，对于原始数据左上角的 3×3 小块，对它的概括总结就是 −8。移动这个 3×3 的观察窗口（卷积核），就可以得到一个新的矩阵，它是做了一步总结概括之后的矩阵。

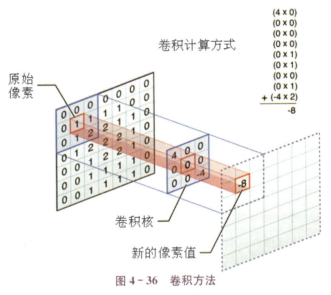

图 4-36   卷积方法

资料来源：https://handong1587.github.io/assets/cnn-materials/conv.jpg.

有的读者可能会想，这么一种奇葩的总结概括的方法可靠吗？它为什么会比直方图还好呢？单独一种总结概括可能确实没有直方图总结得好，不过，同样的事情做 100 次，用 100 种不同的卷积核，可以得到 100 个角度的总结概括，实验结果表明，这种卷积的方法比绝大多数人为设计的方法都要好。例如，经过图 4-37 中间的卷积核计算出来的总结概括的图片（右图）实际上就是原图（左图）的轮廓。

图 4 - 37

　　一种特定的卷积核可以计算出图片的轮廓，另一种卷积核能够计算出图像的明暗程度，有了足够多的卷积核，就能形成对原始图片的各种各样的概括。图 4 - 38 展示了某个 CNN 的 96 种卷积核的可视化。从中可以发现，前面的卷积核的形状都是一些线条，实际上，这些卷积核都在捕捉原始图片中不同走向的线条。后面的卷积核是彩色的，这些卷积核在捕捉图像中的颜色信息。需要注意的是，这些卷积核都是通过数据学习得到的，不是人为设定的。

图 4 - 38

　　直方图方法中，做一次总结就直接变成向量做分类了。在深度学习中，还要做得更"深入"。从图 4 - 38 可以发现，对于一种卷积核，就能生成一幅总结概括后的"图像"，如果一个像素一个像素地移动卷积核，不考虑边缘因素，这幅卷积核处理过的图像和原来图像一样大。100种卷积核就有了100幅处理过的图像，这100副卷积核处理过的图像，叫作深度学习中的一层。对于每一张新图，还可以继续用10种新的卷积核来处理，就有了第二层，这一层一共有100×10 = 1 000种总结概括的图片。还可以有第三层、第四层……

一般来说，卷积核不只是简单的加权，它还会做一个非线性变换，否则多层没有意义，因为线性变换的线性变换还可以简化成一个线性变换。常见的非线性变换例如Relu，即和0比大小，取最大值，这个非线性变换叫激活函数。往深走的过程就像一棵树一样越长越大，如果不加控制的话，得到的新图像就会越来越多，呈现指数型爆炸。新图越多，对计算资源的消耗就越大，并且卷积核无节制地生成了太多的新图（也就是特征），很容易导致过拟合。因此，应当想办法制止这种情况发生，于是就有了Pooling层。

Pooling层就是用来减少卷积核生成的统计量（特征）的。为什么可以减少呢？再观察图4-32中手写数字3，一个像素周围的点和它十分相似，用卷积核来扫描图片的时候，得到的总结概括结果也大多相同，那么这些信息就是冗余的。于是，需要让卷积核输出的新图精简一下。如何精简呢？还是一块一块地看这幅新图，不是用小块扫描，而是像直方图方法中那样把图像分割。分割出来的每一小块都用一个统计量来代替。例如图4-39，分割后小块的大小是2×2，这个图像的大小就是原来的1/4。最常用的Pooling方法是取Max。

上述几步可以按照图4-40中的结构连接起来。直方图方法把图片变成一个向量后丢给分类模型，如支持向量机（SVM）。用卷积核和Pooling层生成了这么多新图，最后也要变成一个向量。怎么变呢？用一个全连接（fully-connected）层，也就是把所有图放在一起做一个类似的非线性变换，把它变成标量，就有了一个全连接层的单元；将这个过程重复很多

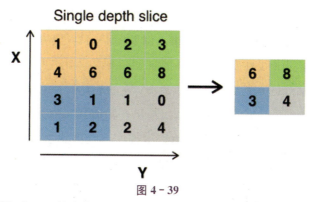

图 4 - 39

资料来源：https：//adeshpande3.github.io/assets/MaxPool.png.

次，就得到了一个向量。想象根据这个向量做逻辑回归或者 SVM，就能得出属于每一个类别的概率了。

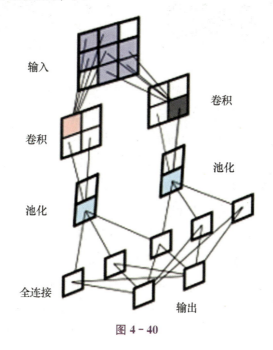

图 4 - 40

值得一提的是，这个过程是同步进行的，并不是先算好了最后一层向量，再来估计逻辑回归或者 SVM 的参数。所有的参数是一起估计的，包括卷积核的参数，以及最后从向量到类别概率的参数。所有层的所有单元都可以用数学符号精确地表达出来，例如图4-41：第一层是一个非线性变换，第二层是非线性变换的结果再取 Max 函数，第三层又是上一层的非线性变换，输出是一个逻辑回归或者 SVM 的表达式。有了输入、初始参数、输出的数学表达式，就可以写出输出；知道真实的分类，就可以写出损失函数的表达式。对这个损失函数求梯度，就得到了参数的移动方向，这样就可以用优化算法了。优化的细节此处略去不讨论。

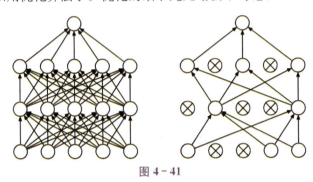

图 4-41

资料来源：https://raw.githubusercontent.com/stdcoutzyx/Blogs/master/blogs/imgs/n7-1.png.

不过，还有一个问题，由于用卷积核算了太多的特征，很容易造成过拟合。深度学习领域如何防止过拟合呢？用 Dropout 技术。Dropout 是用来防止过拟合的重要技术手段。由于卷积核算出了太多的单元（特征），Dropout 把一些中间单元按照一定的概率将其暂时从网络中丢弃。暂时是什么意思呢？CNN 训练是迭代进行的，每一次迭代，要根据目前的参数值算出 CNN 的输出，对于所有的样本，可以一个一个地算，由于图形处理器（GPU）设备的特性，会把训练数据分成很多 mini-batch，每个 mini-batch 一起算。在计算每个 mini-batch 输出的时候，Dropout 不用整个网络，而是随机抹掉一些单元。由于每个 mini-batch 都随机抹掉了一些单元，这就能防止 CNN 模型过于依赖某些特征（单元），从而起到了防止过拟合的作用。

卷积神经网络总结

深度学习做图片分类要求有足够多的图片。也就是说，要看到各种各样的水果，水果的种类要多，每种水果的图片也要多，需要不同角度、不同光照，不仅要看到水果外形，还要看到水果切开是什么样。

没有足够的数据，深度学习就不可能有让人满意的表现，例如，人们不能通过图 4 - 42 来预测图 4 - 43 是什么水果，因为数据集中没有这种水果的被标记好的训练数据。

图 4 - 42

图 4 - 43

介绍完了深度学习中的明星选手 CNN 的简单原理，再来看看它在实际应用中的案例。

深度学习图形分类

小朋友认识水果以后可以吃，机器认识图片能够做什么呢？用处有很多，例如无人驾驶需要认出其他汽车，手机拍照需要圈出人脸。这里分享一个应用场景：搜索引擎的搜图功能。之前，在搜索引擎中搜索图片都是依赖网页中图片附近的文字，但通过文字来匹配图片可能很不精确。例如，在百度搜索关键词"太阳"，会得到图 4 - 44。这是一幅少儿漫画，图片的周围出现了"太阳公公早"。

图 4 - 44

如果可以对搜索到的图片进行分类，为图片打上标签，那么搜索结果的质量就会大大提高，搜索太阳就应当出现真正的太阳的图片（见图4 - 45）。

图 4 - 45

这个过程说白了就是要对图片作出正确的分类。如何通过 CNN 完成这个任务呢？这里定义因变量 Y 为图像所属的类别，自变量 X 为大量带有标记的图像，使用的模型是卷积神经网络。

CIFAR-10 数据

用深度学习处理实际问题时，往往需要极其庞大的运算资源以及相当长的等待时间（几天到十几天都是正常的）。所以，人们在研究学习时，常常使用一些标准的比较小的数据集。这里展示 CNN 在 CIFAR-10 数据集中的表现。CIFAR-10 是由杰夫·辛顿的两个弟子收集的一个用于普适物体识别的数据集。辛顿相当于深度学习领域的武林盟主，是深度学习的先驱。所以 CIFAR-10 也非常流行。

CIFAR-10 有 60 000 张图片，10 个类别，每个类别 6 000 张，包括飞机和鸟、猫和狗、船和卡车、鹿和马等（见图 4-46）。其实，CIFAR-10 的图片尺寸非常小，只有 32×32 像素，这是什么概念呢？微信聊天表情的小黄脸是 50×50 像素的，CIFAR-10 的图片比微信表情的图片还要小。为

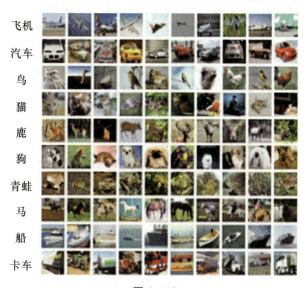

图 4-46

什么要用这么小的图片？因为 CNN 是逐个像素来处理的，这么小的图片也有 1024×3 个输入数据（因为色彩三原色）。现在的手机动辄几千万像素，这么高清的图片是神经网络处理不了的，必须做下采样，也就是将图片的清晰度变低。

训练深度学习模型

训练深度学习模型到底是什么样子呢？图 4－47 就是训练过程中的输出截图。

```
Generation 3900: Loss = 0.55233
Generation 3950: Loss = 0.48769
Generation 4000: Loss = 0.58090
 --- Test Accuracy = 69.53%.
Generation 4050: Loss = 0.70297
Generation 4100: Loss = 0.47830
Generation 4150: Loss = 0.55114
Generation 4200: Loss = 0.73966
Generation 4250: Loss = 0.69779
Generation 4300: Loss = 0.59265
Generation 4350: Loss = 0.67952
Generation 4400: Loss = 0.41061
Generation 4450: Loss = 0.61213
Generation 4500: Loss = 0.47154
 --- Test Accuracy = 70.31%.
Generation 4550: Loss = 0.52907
Generation 4600: Loss = 0.62676
Generation 4650: Loss = 0.45755
```

图 4－47

训练深度学习网络可以理解成让计算机不断尝试深度学习网络的参数，也就是神经网络的卷积核的参数。通常神经网络的参数都有 100 万个以上。训练的过程就是每一步微微调整一下参数，看看损失函数的值有没有降低。图 4－47 中每一次迭代就是电脑调整了一下参数。调整的方法就是各种各样的梯度下降算法。训练过程会持续几个小时，一般等到测试集的准确率不再上升，基本就可以停止训练了。训练模型可以让识别的准确率最终达到 75％ 左右。当然，模型也会犯一些错误，比如，指鹿为马，把狗的头部照片当成青蛙，把鸟的头部当成青蛙（见图 4 - 48）。

图 4 - 48

简单的 CNN 可以做一些改进，CIFAR-10 可以达到 85％ 甚至 90％ 以上的准确率。人类在这个图像分类数据集上的准确率大概是 94％。深度学习在整个图像识别的领域已经很接近人类的表现了，在一部分领域如人脸识别甚至表现得比人还好。当被标记的训练数据足够多，就能构建一个不错的图像分类数据集，从而帮助改善搜索引擎的搜索结果。

温馨提醒：进入狗熊会公众号（CluBear）输入文字："图像"，听昱姐音频！

深度学习——打麻将

人机大战

所谓的人工智能寄希望于计算机能够模拟人类的智能思考方式，最终实现计算机模拟人类智能的目标。故被冠以"智能"的计算机从诞生之日起就设定了一个目标，即向人类发起挑战，希望在某些特定的场景下与人类一争高下。1997 年，IBM 的深蓝（Deep Blue）首次在国际象棋上击败了人类。2016 年，DeepMind 的阿尔法狗（AlphaGo）在围棋领域也击败

图 4 - 49

了人类。IBM 的深蓝使用的是深度优先搜索（depth-first search）相关的技术，DeepMind 使用的是深度学习相关的技术。本案例将为大家讲解怎样用深度学习技术教会计算机和人对抗。国际象棋、围棋这类游戏已经有太多人研究过，这里为大家带来更接地气的，即如何教会机器打麻将。

教会机器打麻将有什么意义呢？除了像阿尔法狗一样增加知名度之外，没有特别大的商业意义，但这非常有趣。从古至今，很多重要的进步都是游戏激发的。例如，17 世纪，伯努利研究赌博游戏中输赢次数问题，被认为是概率论这门学科的开端。更早期的一些几何研究也是人们的智力游戏。此外，当电脑的游戏水平超过人类时，也会促进人类游戏水平的发展，典型的就是 2016 年的围棋人机大战。在阿尔法狗胜利后，很多棋手开始研究阿尔法狗的围棋路数。

用数字表示游戏

电脑的本质就是一堆电线，电脑用二进制处理所有问题，有电表示 1，没电表示 0。所以对电脑来说，一切都是数字。因此，也需要用数字来表示游戏。

麻将由 136 张牌组成，要想数字化地表示麻将游戏，就必须先表示一张牌。通常的麻将有如图 4 - 50 所示的 34 种不同的牌，这 34 种不同的牌就是麻将的文字。和处理文本的方法类似，可以用一个长度为 34 的向量来表示一张牌。但和文本不同，表示一张牌最好的办法不是向量，而是一个 4×9 的矩阵。例如，1 筒这张牌可以表示成如图 4 - 51 所示的矩阵。

图 4 - 50

```
[ 1.,   0.,   0.,   0.,   0.,   0.,   0.,   0.,   0.]
[ 0.,   0.,   0.,   0.,   0.,   0.,   0.,   0.,   0.]
[ 0.,   0.,   0.,   0.,   0.,   0.,   0.,   0.,   0.]
[ 0.,   0.,   0.,   0.,   0.,   0.,   0.,   0.,   0.]
```

图 4 - 51

　　一组麻将的数字化表示就是每一张牌的对应矩阵相加。用矩阵有什么好处呢？矩阵可以捕捉到麻将中一些特殊奖励的信息。例如，在麻将中，一二三筒、一二三条、一二三万的组合有额外的番数奖励，对应到矩阵中，它表现成一个区域的数值都为 1（见图 4 - 52）。麻将中的很多番数也能通过矩阵的一些特征表现出来，所以用矩阵来表示一张麻将牌更合适。

```
[ 1.,   1.,   1.,   0.,   0.,   0.,   0.,   0.,   0.]
[ 1.,   1.,   1.,   0.,   0.,   0.,   0.,   0.,   0.]
[ 1.,   1.,   1.,   0.,   0.,   0.,   0.,   0.,   0.]
[ 0.,   0.,   0.,   0.,   0.,   0.,   0.,   0.,   0.]
```

图 4 - 52

　　那么一局游戏怎么表示呢？在麻将的进行过程中，所有信息都表现成一组一组的麻将，用许多的 4×9 的矩阵表示这些牌（见图 4 - 53）。

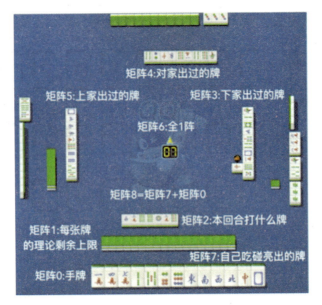

图 4-53

教会电脑打麻将

有人说，深度学习可以让计算机自己学会东西。这不太准确。如果要教会电脑打麻将，那么程序设计者也应该懂得打麻将。例如，麻将数字化表示的过程中就包含了对打麻将的理解。DeepMind 的阿尔法狗就是如此。所以，在教会电脑打麻将之前，自己要了解一些麻将的关键技术。

怎样判断手牌的好坏？

一代赌神发哥曾经在电影《澳门风云》中教导谢霆锋说："打麻将最重要的就是要和。"

要想和牌，就要先有上听的手牌；

要想上听，就要先有差一张牌上听的手牌；

要想差一张牌上听，就要先有差两张牌上听的手牌；

图 4-54

......

这就有了麻将中最重要的基本概念之一：上听数。差几张牌上听，就叫几向听。

例如，图 4-55 这手牌已经上听，就是 0 向听。

图 4-55

假设把一张北风换成四万，变成图 4-56 这手牌。这手牌差一张上听，就叫 1 向听。

图 4-56

图 4-56 这手 1 向听的牌，只要下一把抓到图 4-57 中的 7 张牌之一，就可以上听，这七张牌叫有效牌。

图 4-57

　　向听数最大为 8，因为随便找 5 张牌，只要其中 4 张每张再来俩，就一定可以上听。例如，图 4 - 58 这手牌东、南、西、北风各再抓两张，也可以上听。（如果要和七对子的话，这手牌向听数为 6。）

图 4 - 58

　　因此，向听数和有效牌是评价手牌好坏的重要标准：向听数越小，越接近听牌，手牌越好；有效牌越多，下一轮减少向听数的概率越大，所以同等向听数的情况下有效牌越多，手牌越好。

　　向听数和有效牌可以作为打牌的准则之一：摸一张后，手牌变成 14 张，如果没和的话就要再打一张，让手牌变回 13 张。那么该打哪张呢？策略之一就是奔着向听数和有效牌来打。例如，图 4 - 59 这手牌 14 张，应该打哪张呢？

图 4 - 59

　　打八万、九万、四筒、七筒、三条、七条，向听数均为 2；打其他的牌，向听数为 3。这 6 张牌中，打八万的有效牌最多，一共 18 张，也就是说，如果下一把拿到图 4 - 60 中的 18 张之一，就可以变成 1 向听，即差一张牌上听。

图 4 - 60

　　麻将高手会算计着向听数和有效牌来打，麻将菜鸟凭感觉打，其实也是在奔着向听数减小。打麻将，摸牌是随机的，没有任何技术含量（除非出老千），关键在怎么打，让剩下的手牌越接近上听越好，越容易上听越好。也就是说，向听数越小越好，有效牌越多越好。

一般来说，麻将起手都是 3 向听或者 4 向听。图 4 - 61 展示的是起手向听数的分布，以及对应的胜率统计。

图 4 - 61

从图 4 - 61 可以看到，70％的起手都是 3 向听或者 4 向听，这些叫做普通起手，例如图 4 - 62 这手牌就是 3 向听。

图 4 - 62

起手 5 向听已经是比较差的起手了，5 向听的起手是什么感觉呢？比如图 4 - 63 这手牌。

图 4 - 63

打麻将的本质，就是每一轮做决策，丢弃一张牌，使得向听数尽量降低，并且使剩余手牌可能和的番数尽量大。教会电脑打麻将需要做的是：第一，教会电脑看懂手牌的向听数；第二，让电脑能估计出最终和牌番数的期望——会不会和，以及可能和多少番。

用 CNN 神经网络评价手牌的好坏

把麻将向听数做线性变换映射成手牌价值分。10 分对应着听牌，0 向听；2 分对应着 8 向听，最差的牌。再把这个分数连续化，即基础分加下一把摸到有效牌的概率。例如，当前向听数为 2，对应着 8 分，下一张牌摸到有效牌的概率是 30%，那么当前手牌的价值分就是 8.3。

使用 CNN 来学习手牌的价值分

对每个样本来说，CNN 的输入（X）就是若干个 4×9 的矩阵，表示手牌的各种信息，例如手牌都有什么，理论上每张牌还剩余多少等；输出就是手牌的价值分（Y）。使用两层隐藏层（见图 4-64），每层的大小为 256。输入数据为 100 万个随机生成的手牌样本。这种设定下，使用家用 GPU 训练模型要 2 小时左右。

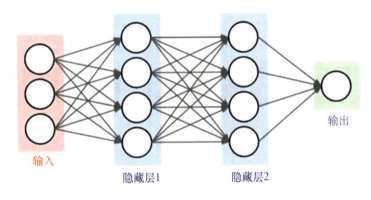

输入　　　　　隐藏层1　　　　　隐藏层2　　　　　输出

图 4-64

图 4-65 展示了神经网络学习手牌价值分的结果。横轴是真实分数，纵轴是神经网络样本预测的分数。可以看到，CNN 可以很好地评价手牌的好坏。

使用增强学习估计最终和牌番数的期望

最终和牌番数可能是 1 番、2 番、64 番；也可能是负数番，表示给别人点炮或者有人自摸，0 番则表示其他人和牌或点炮。最终和牌的番数取决于接下来怎么打，打得好，和的可能性就大。反过来，接下来怎么打要考虑剩余手牌的价值分以及最终的结果。这是一个鸡生蛋和蛋生鸡的问

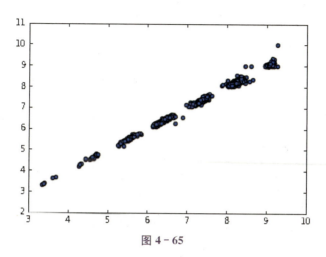

图 4 - 65

题。机器学习领域有一类方法叫做增强学习，增强学习能同时学打牌的策略以及对状态价值的评估。

增强学习可以看做一个不断尝试的过程。如图 4 - 66 所示，饥饿的小老鼠想要在迷宫中尽快找到奶酪。每走一步，小老鼠由于饥饿，生命值会减少 1；找到了奶酪，小老鼠的生命值会加 50。游戏会一直进行下去，直到小老鼠死亡或者找到奶酪。

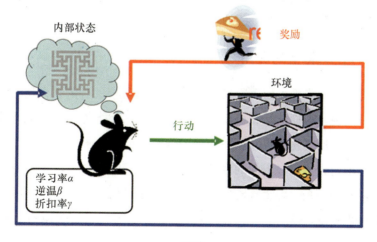

图 4 - 66

　　小老鼠怎样才能找到奶酪呢？它需要向"价值高"的位置移动。离奶酪越近，价值越高；离奶酪越远，价值越低；如果小老鼠找不到奶酪而死亡，则没有奖励。这与打麻将面临的鸡生蛋和蛋生鸡的问题一样，要同时估计一个位置的价值以及以这个位置价值为基础的行动策略。

　　增强学习怎么学习呢？首先，它给每个状态一个基础价值，这个基础价值可能是随机的，也可能是给予某些先验信息的。知道了每个状态的价值，就可以按照这个价值来实施策略。需要注意的是，这个策略不需要是最优策略。有了策略，增强学习就可以开始不断尝试，例如不断地重复一万次走迷宫或者打麻将，记录所有路径中的状态，然后用每次游戏的最终结果反过来修正所在过程中的状态。

　　具体到打麻将的情景。假设每一手牌都对应着一个和牌价值。和牌价值的定义是从当前手牌开始打牌，最后可能的和牌番数的期望。电脑开始以一定的策略打牌，当牌局结束时，用最终的输赢结果来修正过去经历的状态的和牌价值。直观上看，这手牌未来无论怎么打都会赢，那说明现在这手牌的和牌价值很高；反过来，如果无论怎么打，未来都是输，那就说明这手牌价值较低。整个增强学习的过程就是不断尝试策略，然后修正价值，再更新策略，再修正价值的过程。

深度学习在麻将上的应用

　　麻将有 108 张牌，而手牌只有 13 张，所有可能的牌的组合是十分巨大的。也就是说，即便让计算机反复玩几亿次，它可能还有很多没见过的状态，更谈不上反复迭代更新状态。和图像类似，一幅图像改变一些像素并不影响它的内容，略微不同的像素矩阵对应着相同的物体，麻将中也是如此，略微不同的是手牌矩阵对应着相同的和牌价值。所以，这里用一个价值函数来表示这种关系。函数的输入是手牌矩阵，函数的输出是和牌价值。函数形式是什么呢？深度神经网络。

　　这样来看，增强学习的核心任务就是将学习不同状态的价值变成学习价值函数的参数。深度学习使用深层神经网络来近似价值函数，整个学习问题就变成了学习网络参数。使用 TensorFlow 等深度学习框架，就可以训练出会打麻将的电脑了。

学习结果

图 4 - 67 是一个训练好的模型的模拟结果，4 台电脑开始对打。程序从 0 开始计数，Round 表示从牌山中摸牌的数量。最后一列表示综合的价值得分，越大表示手牌越好。

```
Round: 52 Player 0 手牌 6万7万7万4筒4筒6筒7筒7筒6条8条1字3字5字6字I out: 3字 value: 1.64937020323
Round: 53 Player 1 手牌 1万1万6万8万2条3条3条5条5条5条1字1字3字4字I out: 3字 value: 1.98565765538
Round: 54 Player 2 手牌 1万3万4万9万9万5筒7筒9筒2条2条5条7条8条3字I out: 3字 value: 1.75829649171
Round: 55 Player 3 手牌 1万2万2万6万1筒1筒3筒4筒5筒6筒8条1字4字7字I out: 7字 value: 1.74914068313
Round: 56 Player 0 手牌 4万6万7万7万4筒4筒6筒7筒7筒6条8条1字5字6字I out: 6字 value: 1.66304895912
Round: 57 Player 1 手牌 1万1万6万8万2条3条3条4条5条5条1字1字4字I out: 4字 value: 2.91744528276
Round: 58 Player 2 手牌 1万3万4万9万9万5筒7筒9筒2条2条5条7条8条2字I out: 2字 value: 1.76701114886
Round: 59 Player 3 手牌 1万2万2万6万7万1筒1筒3筒4筒5筒6筒8条1字4字I out: 1字 value: 1.90266580499
peng !!!!!!!
Round: 59 Player 1 手牌 1万1万6万8万2条3条3条4条5条5条5条I1字1字1字 out: 3条 value: 3.06369188059
Round: 60 Player 2 手牌 1万3万4万9万9万5筒7筒9筒2条2条4条5条7条8条I out: 1万 value: 1.9958899882
Round: 61 Player 3 手牌 1万2万2万5万6万7万1筒1筒3筒4筒5筒6筒8条4字I out: 4字 value: 3.19764246747
Round: 62 Player 0 手牌 4万6万7万7万4筒4筒6筒7筒7筒6条8条1字5字I out: 1字 value: 1.67921886389
Round: 63 Player 1 手牌 1万1万6万8万2筒2条3条4条5条5条5条I1字1字1字 out: 2筒 value: 4.691102236
Round: 64 Player 2 手牌 3万4万9万9万5筒7筒9筒2条2条4条5条7条8条I out: 7条 value: 2.07074161041
Round: 65 Player 3 手牌 1万2万2万5万6万7万7万1筒1筒3筒4筒5筒6筒8条I out: 8条 value: 5.15948962251
peng !!!!!!!
Round: 65 Player 0 手牌 4万6万7万7万4筒4筒6筒7筒7筒6条5字I8条8条8条 out: 5字 value: 1.73745078413
Round: 66 Player 1 手牌 1万1万6万8万2条3条4条5条5条7条I1字1字1字 out: 7条 value: 4.73030489519
Round: 67 Player 2 手牌 3万4万9万9万3筒5筒7筒9筒2条2条4条5条7条8条I out: 3筒 value: 2.23774739934
Chi !!!!!!!
Round: 67 Player 3 手牌 1万2万2万5万6万7万1筒1筒2筒3筒6筒I4筒5筒3筒 out: 1万 value: 5.2706084286
Round: 68 Player 0 手牌 2万4万6万7万7万4筒4筒6筒7筒6条I8条8条8条 out: 6条 value: 2.79641066114
Round: 69 Player 1 手牌 1万1万6万8万2条3条4条5条7条I1字1字1字 out: 1字 value: 4.76235870817
Round: 70 Player 2 手牌 3万4万9万9万5筒7筒9筒2条2条4条5条6条8条I out: 5筒 value: 3.44058836653
Round: 71 Player 3 手牌 2万2万5万6万7万7万8万1筒1筒3筒6筒I4筒5筒3筒 out: 3筒 value: 5.89674970043
Round: 72 Player 0 手牌 2万3万4万6万7万7万4筒4筒6筒7筒I8条8条8条 out: 7万 value: 4.51605433402
1 hu !!!!!!! 0 dian pao !!!
```

图 4 - 67

训练好的神经网络已经知道先把一些字牌打出去，例如图 4 - 67 前几轮，电脑选择将字牌第三张（西风）打出去。此外，随着行牌的进行，手牌的价值得分正在慢慢增加，这说明电脑的策略有效。在行牌 20 轮左右时，编号为 1 的玩家和牌，编号为 0 的玩家点炮。

很遗憾，目前的人工智能水平还不能和人类过招。一般来讲，基于深度学习的智能游戏方法都需要大量的计算和高度复杂的模型。但本案例仍然是有意义的，因为没有告诉计算机任何关于麻将的基础知识，甚至不知道和牌的规则（进行游戏时的和牌判断由另外独立的系统完成），深度学习网络也可以有模有样地打麻将。这正是深度学习最奇妙之处：它可以高度地模仿和近似人类行为，但却不一定和人类用一样的方法。现在也有一种说法，人工智能这个词可能不太恰当，应当叫机器智能，也许就是出于这样的考虑吧！

温馨提醒：进入狗熊会公众号（CluBear）输入文字："麻将"，听昱姐音频！

K 均值聚类——狗熊皮鞋的百度广告投放

新的一年，狗熊会决定拓展新的业务，投身实体经济，帮助国家经济转型。那做什么产业比较好呢？大家争来争去，有想开辣条厂的，有想生产空气净化器的，还有准备造机器人陪自己打麻将的，实在拿不定主意。此时，熊大大手一挥："不要争了，咱们进军鞋业吧，卖不出去还能自己穿。"由此，狗熊皮鞋厂就正式开张了。然而实际做起来才发现，目前的鞋业市场已经饱和，客户的忠诚度很高，这个新品牌要卖出去，必须做好一件事——宣传，宣传，宣传！如何做好宣传工作呢？熊大首先想到了去搜索引擎上打广告。

搜索引擎广告介绍

搜索引擎广告目前已经成为广告主吸引用户的重要手段之一。因此，熊大决定将全部资金用于在搜索引擎上投放广告，这样当顾客使用搜索引擎（例如百度）时，会弹出标有"商业推广（广告）"的关于狗熊皮鞋的搜索结果。

说起来简单，但行动后发现这其中有很多门道（见图 4-68）：如果你

展示：展现广告

点击：进入页面

转化：完成购买

图 4-68

购买了"皮鞋"这个关键词，那么用户在百度搜索"皮鞋"时，"狗熊牌"皮鞋就可能出现在搜索结果中，这叫 1 次展现；用户觉得"狗熊牌"皮鞋远近闻名，穿过都说好，那么他可能点进去看看，这叫 1 次点击；用户点进去发现竟然是熊大代言，品质有保证，立即下单买买买，这叫发生 1 次转化。更确切地说，只有发生了转化，这个广告花费才是值得的；而展现和点击再多，没有转化也是白搭。

正如英国著名作家普·绪儒斯说过，同样一只鞋，并不是所有的人穿了都会合脚。类似地，一个产品，也不是所有的关键词都有助于销售。那么，在哪些关键词上进行广告投放比较好呢？本案例以"狗熊牌"在一个月内的广告投放结果为例，给出了 1 982 个关键词的广告展示统计结果。

数据介绍

这份数据中每一条对应的是一个关键词的统计结果，比如关键词"狗熊"，对应有展现量 688 954，点击数 29 022 以及转化量 486，详细说明如表 4-5 所示。

表 4-5　　　　　　　　　　　　数据变量说明表

变量类型	变量名	详细说明	取值范围	备注
因变量	转化量	数值型变量 单位：次	0～486	用户完成购买行为
自变量	关键词	字符型变量		字段包括狗熊、bear、优惠券等
	展现值	数值型变量 单位：次	1～688 954	广告出现在用户搜索结果中
	点击量	数值型变量 单位：次	0～29 022	用户点击广告链接

因为关心的核心问题是关键词的转化情况，所以初步把转化量作为因变量，但根据场景不同，优化的目标可能会有差异，后面会具体介绍。

关键词介绍

对目标了如指掌，方能手到擒来。首先看这些关键词的特征。图

4-69展示了这1982个关键词的长度分布。原来，大多数关键词长度都在7左右，然而有一些特别长的关键词，比如"狗熊鞋 bear shoes 官方经销网站"这个词，长度为19，是所有关键词中最长的。而词长大于13的就很少了，这是因为在搜索过程中太长的词并不容易被搜到，所以涉及的竞价关键词较少。

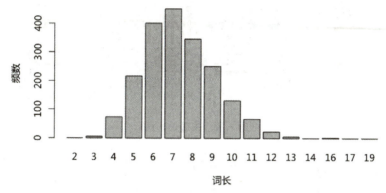

图4-69 关键词的长度分布

这些关键词包含哪些信息呢？词云图可以给出答案（见图4-70）。词云图显示，狗熊、bear、休闲、男鞋等出场率都很高，但这是不是意味着只要购买这些关键词就能带来巨大的收益呢？还不一定，可能大家就爱搜索"狗熊"这个关键词来查找狗熊会相关内容，但是从来不买狗熊皮鞋，"狗熊"这个关键词出现再多也白搭。因此还要结合转化量的数据来进行细致分析。

天真的方案一

既然要找能带来最大转化量的关键词，就要对转化量排个序，取前六个关键词，结果如图4-71所示。

然而，这个关键词投资方案被熊大一票否决了。原来并不是所有关键词的价格都相同！搜索引擎对关键词的收费是按其每次点击付费（cost per click，CPC）。换句话说，为了利益最大化，不仅需要考虑这个关键词所能

图 4 - 70　关键词的词云

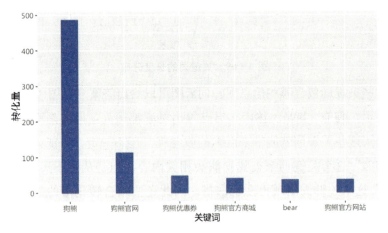

图 4 - 71　前 6 大关键词的转化率

带来的收入，也要考虑其所消耗的成本。比如，假设搜索引擎每次关键词点击按 1 元收费，关键词"狗熊大鞋"一个月能带来 10 次转化，总收入 100 元，但是其一个月的点击次数为 1 000，总花费为 1 000 元，最终还亏了 900 元；而关键词"狗熊小鞋"一个月就 5 次转化，总收入 50 元，但其一个月点击次数为 40 次，核算后还赚了 10 元。这个例子说明，单纯的转化量并不合适，应该结合点击数（成本）一起考虑。

成长的方案二

为了综合考虑收益和成本，重新定义了"转化率"（即转化/点击）作为新的因变量。重复上述过程，可以挑选出转化率最高的前 6 个关键词，结果如图 4-72 所示。

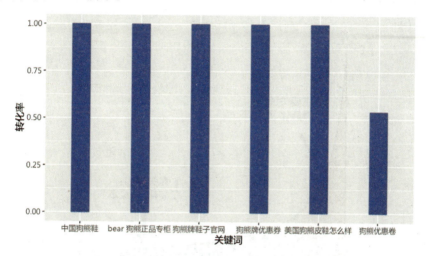

图 4-72　综合考虑收益与成本的转化率对应的 6 大关键词

最高的 5 个关键词转化率竟然达到了 1！这意味着只要有人点了链接，就能卖出一双鞋；剩下的关键词"狗熊优惠卷"也不差，超过 0.5！再来看看这些关键词的原始结果（见表 4-6）。

表 4-6

关键词	展现值	点击量	转化量	转化率
中国狗熊鞋	50	2	2	1
bear 狗熊正品专柜	72	1	1	1
狗熊牌鞋子官网	2	1	1	1
狗熊牌优惠券	5	1	1	1
美国狗熊皮鞋怎么样	45	1	1	1
狗熊优惠卷	74	13	7	0.54

这个结果并不乐观，如果只付费购买这 6 个搜索关键词，一个月就只

能卖出 13 双鞋。再来看看其他转化率排名比较高的词，发现都是这种情况。这些词就是通常所说的"长尾关键词"，它们的一大特征就是流量低但意义非常具体。这些词可以很高效地带来客户，所以成本相对来说很少，但同时由于点击人数太少，只投资这些关键词并不会给产品带来销量的明显提高。为了更好地表示不同关键词与转化量的关系，粗略绘制了图4 - 73。

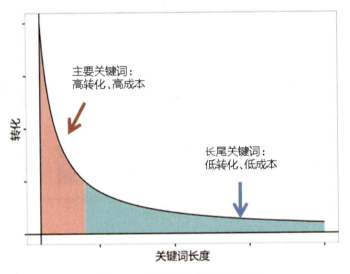

图 4 - 73　关键词与转化示意图

深思熟虑的方案三

前面定义的因变量"转化率"是基于点击数的。有些关键词的转化率虽然很高，但有可能是由于偶然情况导致的。比如，"狗熊皮鞋要上天"这个关键词本月偶然发生了一次点击，刚刚好又发生了一次转化，转化率一下就达到了 100%！但是这种好运能不能持续呢？如果把全部的广告资源寄托于这个关键词，第二天说不定不仅没有转化，可能连半个点击都没有。因此只考虑转化率也是不太合理的。为此，熊大希望能对所有关键词进行自动分类，帮助他找到那些"转化率"很高同时"转化量"也很高的词。这里便用到了聚类分析。

聚类之前，首先选出所有转化量为 0 的词，一共 1 852 个，占总数的 93.4％。可以看到，绝大多数的词都不能带来真正的效益，因为它们一个买家都没有吸引到。当然，考虑到现在只有一个月的数据，测试时间比较短，所以目前没有转化量的词并不代表之后也没有转化量，只能说这部分 0 转化的词是目前不会优先考虑的词。

剩下的 130 个词就是需要进行挑选的关键词。将点击量、转化率、展现值和词长作为变量，标准化之后进行 K 均值聚类，聚类个数定为 4，得到如表 4-7 所示的各个类别中心。

第一类关键词的特点是点击量低，但是转化量很高，关键词通常比较长，这正是在方案二中找到的那些长尾关键词。这类词流量少，覆盖面窄，搜索会很不稳定，但它们的转化率很高且成本很低，因此应该将它们收入囊中，但不能只买它们。

表 4-7 　　　　　　　　　四类关键词的中心对比表

类别	点击量	转化率	展现值	词长	关键词个数	特点
第一类	2.81	0.73	55.27	7	11	低点击、高转化
第二类	29 022	0.02	688 954	2	1	高点击、低转化
第三类	159.52	0.06	1 427.60	6.83	61	次低点击、次高转化
第四类	741.17	0.03	9 061.43	4.49	51	次高点击、次低转化

第二类关键词只有一个，即"狗熊"，就是开头介绍的"高点击、低转化"的典型代表。这种热门关键词通常价格很高，因此成本有限的时候可以慎重考虑。

第三、四类关键词的个数比较多，为了直观地展示这些词的特点，为每个类别绘制了词云图，结果如图 4-74 所示。

第三类主要由长词构成，它们的点击量很低，但是转化率还可以；第四类词的长度相对较短，它们很容易被搜到，点击量比较高，但转化率相对较低，例如"狗熊官方商城"这个词，一个月内有 606 次点击，带来

第三类词   第四类词

图 4 - 74   第三类与第四类词的词云

了 40 次转化，转化率为 0.067，表现还不错。第三类和第四类词应该如何选择呢？熊大认为，关键词应该是广告主用以定位潜在客户的字眼，它的目标应该是吸引新的客户购买其产品，因此更高的点击量表明该关键词带来了更多的流量，吸引客户的能力更强，会有更多的机会让客户进一步了解自己的产品。在这种方针指导下，更倾向于选择第四类关键词。

　　尽管进行了上述分析，确定最后的广告投放策略还需要很多额外的信息。例如，每个关键词的单次点击价格还和其他商家对这个关键词的竞价有关，一些热门关键词，如"淘宝 狗熊"或者"皮鞋"，虽然用户很容易搜索这类词，但如果有很多商家购买该关键词广告，会使得该关键词定价提高，成本会提升，很不划算。由此可见，实际业务操作中，情况要复杂得多。同时，关键词从语义上也分为很多类，在词云图中看到的"狗熊""男鞋""休闲鞋"也分属不同的类别并有着不同的策略。这里给大家分享一个竞价分配方案："50％预算购买行业词，30％预算购买主打产品词，20％预算购买长尾词"。有兴趣的读者可以深入探索。

　　温馨提醒：进入狗熊会公众号（CluBear）输入文字："皮鞋"，听灰灰音频！

非结构化数据

移动互联网时代，数据的一大特征就是非结构化。数据是结构化的还是非结构化的，是一个相对的概念。例如，一般认为，中文文本是非结构化数据。但是，通过分词后，一个文档常常可以通过一个超高维的、关于词频的稀疏向量来表达。向量化后就不再是非结构化的了。所以，数据是不是非结构化的，是一个相对的甚至带有主观色彩的概念。对一些典型的数据类型，大家有一些约定俗成的共识（例如，中文文本就是非结构化数据）。下面将通过几个实际案例，对中文文本、网络结构、图像等一系列公认的非结构化数据进行案例分享。

中文文本——小说的三要素：以《琅琊榜》为例

2015 年 9 月，根据海晏同名小说改编的架空权谋类电视剧《琅琊榜》首登荧屏，此后收视率低开高走，一路攀升到第一名。该剧豆瓣评分高达9.2 分，被观众称为男版《甄嬛传》、中国版《基督山伯爵》。该剧的热播也让山影这个"神秘的组织"浮出水面，广大吃瓜群众纷纷称赞这是一个"良心"剧组。如此优秀的电视剧，其小说原著必然也是精彩绝伦的。在此，我们对《琅琊榜》的原著做了一次文本分析，本着严肃八卦的态度从科学的角度看小说。小说是以刻画人物为中心，通过完整的故事情节和具体的环境描写反映社会生活的一种文学体裁。所以，人物、故事情节和环境称为小说的三要素。接下来就通过文本分析来探索《琅琊榜》中关于小说三要素的蛛丝马迹。

人物形象

首先解析小说中主要人物的动作特征。提取了某角色说话所在的段落，然后对这些段落进行分词，从而得到分词后的词根和每个词根的词性，最后按照动词词根频数由高到低排序。以梅长苏和飞流为例，图 5-1 显示了梅长苏与飞流的六个高频动作。从中可以看出，梅宗主低眉浅笑、语声淡淡，一副高深莫测、运筹帷幄却又孤独寂寥的形象跃然纸上。反观梅长苏的贴身小护卫飞流，全书言语不多，但爱吃爱睡的形象可谓是深入人心。小飞流歪着头、瞪着眼的呆萌样子不知撩动了多少少女心。

图 5-1 从动作描写看人物形象

与人物的动作特征类似，下面来看看人物的语言特征。图 5-2 显示了靖王最常对话的几个人物，图中人物头像越大，对话次数越多。可以看到，靖王最常与梅长苏、梁帝和誉王对话。故事初期，由于梅长苏辅佐靖王进行皇位之争，因此靖王常与梅长苏对话。故事后期，由于靖王、林殊二人相认，发小情深，因此对话依旧频繁。但由于权力斗争，靖王需要周旋在梁帝与誉王之间，因此靖王与梁帝、誉王的对话也颇多。

图 5 - 2　各角色最常与谁对话

故事情节

　　《琅琊榜》小说共分七卷，每一卷究竟讲述了什么样的情节呢？利用文本分析，可以取出某一卷的文本内容，对文本进行分词，取出词根中所有的名词并绘制词云，词根在该卷中出现的次数越多，词云中该词越大。此处取出了小说的第一卷、第四卷和第七卷，来分析《琅琊榜》故事的开端、发展和高潮。

　　从第一卷词云来看（见图 5 - 3），出场最多的人物是梅长苏、萧景睿、言豫津和飞流。第一卷中出现的主要事件有江左梅郎出场、庆国公案、初至金陵等。但大家熟悉的靖王、

图 5 - 3　词云图分析第一卷情节

夏江等角色在哪里呢？别着急，第一卷只是故事的开端，景睿与豫津将梅长苏接至金陵后，故事才刚刚开场。

　　第四卷词云表明（见图 5 - 4），出现最多的人物是梅长苏、靖王、蒙挚、梁帝和夏江。由于梅长苏卷入帝都风云，皇子、将军、帝王这些宫闱中的人物粉墨登场，故事瞬间硝烟四起、危机四伏。此外，越来越多性格各异的小人物开始丰满故事情节，例如词云图中显示的卫峥、静妃、黎纲、蔡荃等。

图 5 - 4　词云图分析第四卷情节　　　　图 5 - 5　词云图分析第七卷情节

　　第七卷达到了故事的高潮，但也迅速收尾，最终曲终人散，令人唏嘘。莅阳长公主带着谢玉手书，提议重审旧案。蔺晨告知梅长苏生命不足三月，梅长苏仍愿披甲上阵，平定叛乱。这些主要人物和事件都在词云中体现出来（见图 5 - 5）。

　　另外，还统计了全书 7 位主角的出场频数。从柱状图来看，梅长苏绝对是第一男主。有意思的是，作为《琅琊榜》唯一女主角的霓凰，出场频数却居于 6 个男性角色之后（见图 5 - 6）。难怪有网友戏称，霓凰绝对是史上最悲催的女主角，没有之一。

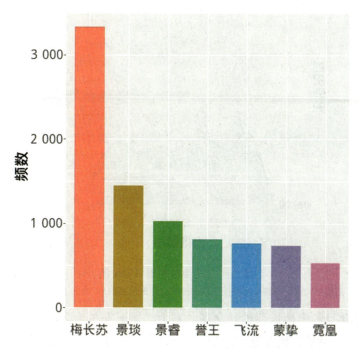

图 5 - 6 主要角色出场频数

说明：对小说全七卷文本进行分词，用小说中主角名字出现的次数为指标衡量主角出场频数。此处需要对应一个人物的多个称呼。例如，梅长苏、林殊、苏哲、小殊、宗主、江左梅郎等称呼均为同一人物，应该合并。

值得注意的是，小说中各角色的戏份是否和电视剧中的一致呢？为此，绘制了主要角色出场密度图（见图 5 - 7）。从图 5 - 7 可以看出，作者对梅长苏的着墨比较均匀，但对靖王和霓凰的安排却差异明显。小说前段霓凰与梅长苏相认，霓凰出场较多，但故事中途梁帝派遣霓凰返回云南，霓凰在金陵的戏份减少。此外，梅长苏选择辅佐靖王萧景琰，靖王卷入权力斗争，因此靖王出场渐渐增多。这样的角色戏份安排与大家在电视剧中看到的是一致的。

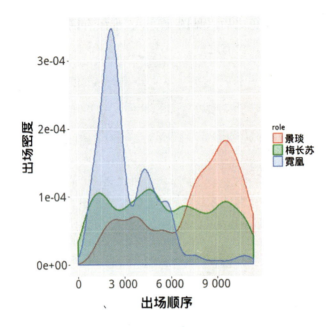

图 5-7   主要角色出场密度图

说明：把每个人物出场的自然段按照顺序排列（即图的横轴），给出了人物的出场密度估计。

《琅琊榜》中梅长苏粉丝众多。太子、誉王争相抢夺麒麟才子，靖王、静妃可谓是林殊的死忠粉，飞流、蔺晨和蒙挚绝对算是梅长苏后援会的中坚力量。这些角色中，究竟谁才是苏哥哥的"心头肉"呢？下面来一个亲密度大检验。用各角色与梅长苏出现在同一自然段的次数作为亲密度的衡量指标。从图 5-8 可以看出，靖王萧景琰不愧是第一发小，绝对是宗主心尖尖上的人儿。但我们呆萌的贴身小护卫飞流也毫不逊色，粉丝团地位仅次于景琰。

景琰虽然一直是梅长苏的"心头肉"，但梅长苏一直对景琰隐瞒身份，全书景琰对梅长苏的称谓变化正揭示了景琰与梅长苏相认的虐心故事。故事之初，梅长苏以苏哲身份自居，辅佐景琰。景琰也将苏哲当作一个不明原因就一心扶持他的谋士。故事后期，景琰得知苏哲便是林殊，因此常称呼其为小殊。但从人物出场密度图可以看出（见图 5-9），苏先生和小殊出现的频率差不多。这是因为二人毕竟是共谋大事的"地下"关系，所以台面上还得尊称一句苏先生。好一出潜伏大戏啊！

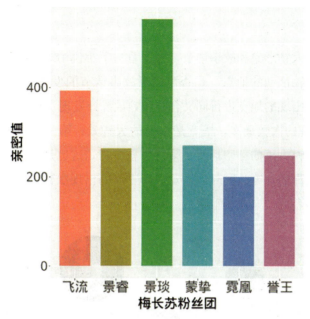

图 5-8 人物亲密度

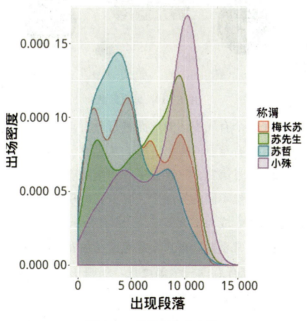

图 5-9 称谓变化密度图

环境描写

　　分析完人物形象和故事情节，再来看一下小说中对主要环境场所的描写。透过人物活动的地点，是否可以对故事情节的发展做出一些推测呢？通过对文中出现的地点进行同义合并和频数统计发现（见图 5 - 10），金陵（京城）出现的次数最多，毕竟是小说的大背景；第二是地道，这是梅长苏和靖王商讨大事的秘密场所；第三是悬镜司，这也是一个与主角们爱恨情仇纠葛很深的地方。同时，还发现靖王府的出现次数大于誉王府，看来靖王才是作者的"亲儿子"啊！

图 5 - 10　地点频数

　　接下来挑选了几个有代表性的地点进行分析。首先，统计各卷中靖王府和誉王府的情况，有意思的现象出现了（见图 5 - 11）：在第一卷靖王府根本都没有出现；到了第二、三卷誉王府和靖王府出现频率不相上下；到第四卷两者就走向截然不同的方向了。看来先出现的也不一定是真爱！靖王府最终后来者居上，成为了大赢家。

　　刚刚说到地道非常重要，再来看看地道在各卷中出现频率的变化（见图 5 - 12）。这个地方有点像一个温度计，反映了梅长苏和靖王关系的热度。地道在第二卷出现的次数相比第一卷和第三卷有显著的提高，不难想象这正是梅靖二人的"蜜月期"；而第五卷中地道出现的次数突然跌到了谷底，

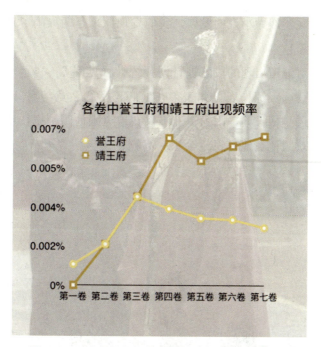

图 5 - 11　地点频率与小说发展（誉王府和靖王府）

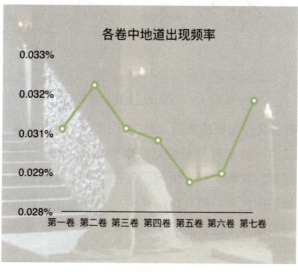

图 5 - 12　地点频率与小说发展（地道）

这是为什么呢？回顾小说的发展，我们发现原来是两人闹了别扭！靖王和梅长苏吵架了！

　　同时，对地道出现的段落进行词频统计（见图 5-13），发现"陛下"出场频率最高。震惊！表哥和表弟在地底秘密约会竟与舅舅有关！当然，最伤心的人还是梅长苏，因为靖王不仅在地道跟他闹别扭，还不跟他谈论风月，只喜欢跟他在地道讨论公事！高频词还包括"事情""案子""发现"等。

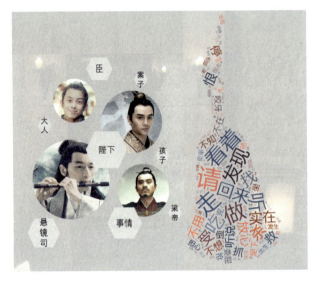

图 5-13　出现地道段落的词频统计

　　接下来看看各位娘娘的戏份（见图 5-14）。各宫在第二卷开始了自己的表演。其中，靖王的母亲静妃娘娘所在的芷萝宫千呼万唤始出来，犹抱琵琶半遮面，在第五卷才出现。但是，这不影响姗姗来迟的芷萝宫娘娘强势超越正阳宫皇后的戏份，都快赶上最有存在感的昭仁宫越贵妃娘娘了。贵妃娘娘戏份这么多，看来是梅靖二人平反路上一个非常大的障碍。

　　以上就是利用文本分析对《琅琊榜》原著所做的一个比较简单、初级的分析。我们试图理解小说中作者是如何对人物进行刻画的，故事情节是

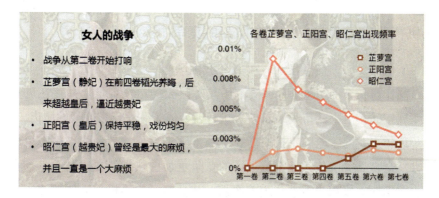

图 5-14　地点频率与小说发展（正宫娘娘们）

如何发展的，以及环境描写是如何烘托情节发展的。其实，文学的美又岂是我们三言两语能道尽的。在这里用原著中赞美梅长苏的一首诗来结束我们的分析：

> 遥映人间冰雪样，
> 暗香幽浮曲临江，
> 遍识天下英雄路，
> 俯首江左有梅郎。

温馨提醒：进入狗熊会公众号（CluBear）输入文字："琅琊榜"，听静静音频！

中文文本——从用户评论看产品改善

随着互联网的发展，用户评论出现在了生活的方方面面，我们平时购物、吃饭、看电影、旅游，样样都可以拿来点评一番。对于消费者而言，书写用户评论是他们分享经历、抒发感受的途径。对于商家而言，用户评论能产生什么价值呢？下面以手机行业为背景来谈谈如何利用用户评论进行产品改善。

手机行业发展现状：如何在激烈的竞争中突出重围？

工信部发布的信息显示，2016年我国国产手机的出货量达到了5.6亿部，同比增长8%。这说明手机市场具有巨大的市场容量，并存在进一步的拓展空间。巨大的市场需求使手机行业变成了一块家家觊觎的肥肉。

近年来，除了老牌手机厂商在不断推陈出新外，各种新兴品牌也层出不穷。众多品牌混战，让手机市场的竞争更加白热化。在残酷的市场竞争中，准确地对接用户需求，改善产品，就受到了各手机厂商的关注。从早期黑莓手机的隐私保护功能、苹果手机的大面积触摸屏设计，再到各种独具特色的国内手机，如主打"音乐手机"的vivo、"充电五分钟，通话2小时"的OPPO等，整个手机行业一直在差异化的道路上探索。

如何从用户需求的角度找到改善产品的突破口？丰富的线上销售渠道以及大量的用户评论为我们进行探索提供了可能。这些用户反馈不仅表达了消费者对手机的情感倾向，还详细记录了手机到底好在哪里，差在哪里，而这些正是商家改善产品设计的关键。因此，我们希望从大量的评论信息中挖掘用户对手机的关注点，并探索哪些关注点可以真正影响用户对手机的评价，从而为厂商进一步改善产品提供思路。

图5-15　如何挖掘用户需求，改善产品

手机，几家欢乐几家愁

我们使用的数据是截至 2016 年 11 月 31 日，某知名电商在其自营平台上销售的手机数据（共 297 部）以及能收集到的每款手机的全部用户评论数据（共 216 754 条）。手机数据主要包括价格、品牌，屏幕尺寸、摄像头像素等性能指标，自营平台的促销情况，手机的总评论数、好评数、中评数和差评数。用户评论数据主要包括用户对该款手机的打分、购买时间和具体的评论内容。

研究的因变量是手机的好评率（好评数/总评论数），图 5-16 展示了所有手机的对数好评率的分布情况。可以发现，不同手机的好评率差异非常大，有的手机好评率能达到 100%，有的却只有 67%。

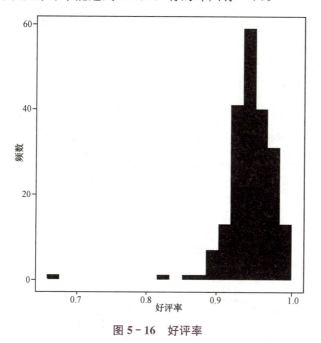

图 5-16 好评率

用户评论的文本分析：寻找热评词

从内容的角度去探究手机好评率参差不齐的原因。在对全部手机评论进行分词、去停用词、按词性筛选等一系列文本处理后，对好评（评分为4，5）和差评（评分为1，2）中出现频数最高的前100个词绘制了词云图（见图5-17）。这些高频词看起来杂乱无章，但还是可以从中发现很多亮点。例如，在好评词中大家提到了"电池""屏幕""物流"，在差评词中大家提到了"客服"，也提到了"屏幕"和"电池"。是不是这些方面让大家对手机又爱又恨呢？

好评（评分>3）词云　　　　差评（评分<3）词云

图5-17　评论中谈论的热词

为了深入探索，首先从好评与差评的高频词中提取了"服务特征"和"手机特征"两类热评词，然后用两样本 t 检验对每个热评词进行初步判

图5-18　提取热评词

断。如果出现该热评词的评论得分与不出现的评论得分有显著差异，就保留该热评词。最后，对通过 t 检验的每个热评词，计算其在一部手机的所有评论中出现的频率（也就是包含该热评词的评论数占该部手机总评论数的比例），然后将该比例作为手机好评率的一个新的解释变量。

回归建模：寻找显著影响好评率的热评词

以手机为分析单位，使用线性回归模型来探索每个热评词出现的频率是否显著影响手机的好评率（见图 5-19）。回归模型中，使用好评率的对数为因变量，并同时控制每部手机的价格、品牌、屏幕尺寸等参数指标，最后使用 BIC 进行变量选择。被选出来的热评词有四个：物流、客服、电池和运行。其中，物流是正显著的，说明物流在手机评论中出现的次数越多，手机的好评率越高；客服、电池和运行都是负显著的，说明这三个词出现的次数越多，手机的好评率反而越低。

	估计值	P值	显著性
截距	-0.158	0.000	***
价格	0.004	0.000	***
华为	0.029	0.000	***
OPPO	0.023	0.022	*
vivo	0.024	0.010	*
屏幕尺寸	0.015	0.001	**
平均字符数	0.001	0.000	***
物流	0.137	0.000	***
客服	-0.313	0.000	***
电池	-0.161	0.000	***
运行	-0.192	0.003	**

33.9%
调整后的 R^2

图 5-19 回归结果（用 BIC 选择）

深挖热评词：寻找细致关注点

为了挖掘每个热评词背后的故事，继续使用文本分析的方法，寻找每个热评词背后具体的关注点，并探索每个关注点的正负作用。以电池为例，找出的关注点有：容量大小、续航能力、充电情况、更换电池情况以及是否会发热。图 5-20 左边的柱状图给出了包含每个关注点的评论在所有提到电池的评论中所占的比例。可以看到占比最高的是容量和续航。

进一步分析，通过计算包含各个关注点的评论的平均分，并将它们和行业均值（也就是所有手机评论的平均分）进行对比，可以看到各个关注点扮演的角色是"好孩子"还是"坏孩子"。图 5-20 右边的柱状图表明，所有电池关注点的得分都低于行业均值，但是各个关注点又有差异。同时包含电池和容量的评论的平均分与行业均值相差不大，但是其他几项都明显低于行业均值，其中尤以同时包括电池和发热最甚。这说明大家对电池方面的坏印象与其容量大小关系不大，而是源自其他几个关注点。

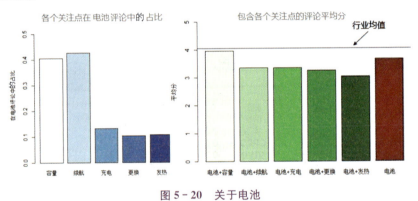

图 5-20 关于电池

实际应用场景：手机画像

最后，根据前文建立的得分体系，可以为每部手机进行整体画像（见图 5-21），判断它在物流、客服、电池、运行四个方面的整体表现。例如，通过与行业均值对比，发现 X 手机在电池和客服方面表现不好，而 N 手机在电池方面表现非常突出。另外，抓住每个方面，可以更细致地给出手机在该热评词各个关注点的细节画像，从中找出手机的具体改进方向。

总结一下，通过分析手机的用户评论信息，找到了影响手机好评率的

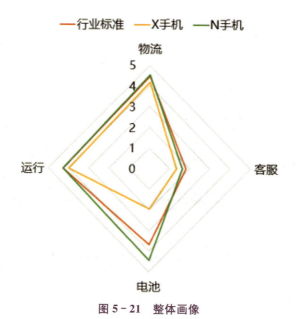

图 5 - 21　整体画像

关键点，并设计了一套具体的评价体系。将该体系用于产品画像有助于快速查找产品不足，确定改进方向。

　　温馨提醒：进入狗熊会公众号（CluBear）输入文字："手机"，听灰灰音频！

中文文本——空气净化器的好评率影响因素分析

　　"中文文本——从用户评论看产品改善"的案例提出了一套完整的从用户评论寻找产品改进方向的机制。本案例试图将这套机制应用于空气净化器，看看哪些因素影响空气净化器的好评率。

雾霾频发点燃了空气净化器市场

　　近年来，随着雾霾天气的频繁出现，空气净化器逐渐走进了家家户户，更是在整体疲软的家电市场上犹如一匹"黑马"，销售量和销售额都呈现出爆发式增长。雾霾天的出现点燃了我国的空气净化器市场。整个空气净化器市场经历了 2013 年的爆发式增长、2014 年的稳步上升、2015 年的增长放缓，直至 2016 年 3 月，新国标的正式实行使该行业更加规范成熟，并将空气净化器的销售情况推向另一个高峰（见图 5 - 22）。

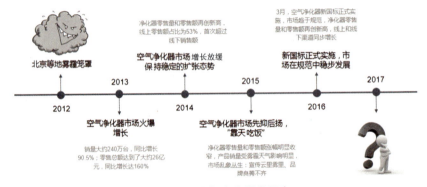

图 5 - 22　空气净化器发展史

展望 2017 年及未来几年，随着雾霾天气的频繁出现以及人们对空气净化器认识的加深，空气净化器市场仍然有着巨大的发展潜力。与此同时，线上销售快速崛起，国内品牌逐渐壮大，这在丰富市场的同时也加剧了市场竞争的激烈程度。如何在众多品牌中独树一帜，让用户青睐有加呢？下面从空气净化器的性能指标和用户评论两方面来探索哪些因素能显著影响空气净化器的好评率，从而为厂商进一步改善产品设计提供思路。

数据介绍

本案例的数据是截至 2017 年 1 月 31 日，某知名电商在其自营平台上销售的空气净化器数据（共 101 部）以及能收集到的每台净化器的全部用户评论数据（共 37 419 条）。图 5 - 23 列出了两个数据中包含的变量名称和含义。

净化器数据

变量名称	变量解释
净化器编号	字符型：通过该变量定义一款净化器
商品标题	净化器销售页面的标题
价格	数值型：238~16 999
促销信息	字符型：有、无
品牌	字符型：共16个品牌
新国标：气态、固态污染物CADR	数值型：12~539，30~910
新国标：气态、固态污染物CCM	字符型：F1~F4，P1~P4
新国标：气态、固态污染物净化能效	字符型：高效级、合格级、未知
新国标：最高档声功率级噪音	数值型：30~77
净化方式	字符型：过滤、分解、吸附、未知
滤网更新提醒、睡眠模式、定时模式	字符型：支持、不支持、未知
总评论数、好评数、中评数、差评数	数值型：1~79 483

评论数据

变量名称	变量解释
评论编号	字符型：通过该变量定义一条评论
净化器编号	字符型：评论对应的净化器编号
评论得分	数值型：评论给出的打分（1~5）
购买时间	数值型：购买的具体时间
评论内容	字符型：评论的具体内容

图 5-23　数据变量信息表

好评率分布情况

因变量是每台空气净化器的好评率（好评数/总评论数），图 5-24 展示了所有空气净化器好评率的分布情况。可以看出，绝大部分空气净化器的好评率都超过了 90%，但是也有个别空气净化器好评率很低，仅有 80%。哪些因素导致了空气净化器的好评率参差不齐呢？下面逐一探究。

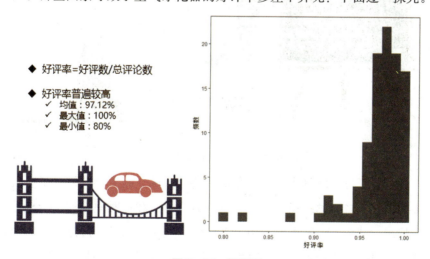

◆ 好评率=好评数/总评论数

◆ 好评率普遍较高
　✓ 均值：97.12%
　✓ 最大值：100%
　✓ 最小值：80%

图 5-24　好评率

空气净化器的配置情况

先从新国标入手来看市场上空气净化器的配置情况。2016 年 3 月，空气净化器的新国标正式实施，这标志着我国空气净化器市场变得更加规范成熟。新国标的意义在于它对空气净化器的净化性能（CADR）、滤网寿命（CCM）、能效等级和噪音都进行了更为明确的规定。这里仅重点解释一下净化性能指标 CADR。CADR 表示洁净空气输出量，即空气净化器每运行一小时为室内提供的洁净空气量。空气净化器的性能好坏主要由 CADR 值决定，CADR 值越大，净化空气的效率越高。图 5-25 展示了数据中全部空气净化器的气态 CADR 值和固态 CADR 值的分布情况，可以看到，该自营平台上的空气净化器的气态 CADR 值还普遍处于较低的水平，绝大多数集中在50～100 之间；固态 CADR 值的表现稍好一些，绝大多数集中在 300～500 之间；仅有个别空气净化器的气态 CADR 值和固态 CADR 值很高。

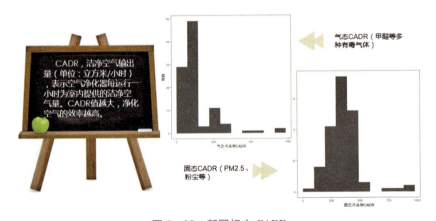

图 5-25　新国标之 CADR

除了新国标，空气净化器还有很多辅助指标。图 5-26 展示了空气净化器在净化方式、睡眠模式、滤网更新提醒功能和定时模式四个指标上的分布情况。从图 5-26 可以看到，大部分空气净化器都采用过滤式的净化方式，并且支持睡眠模式、定时模式，能进行滤网更新提醒。

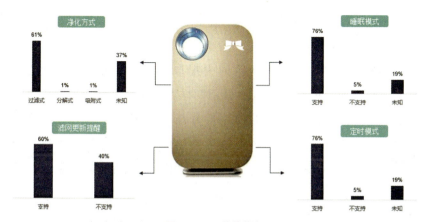

图 5 - 26　其他指标

探索用户评论

　　除了空气净化器的具体配置情况外，再从用户评论的角度出发，看看消费者关注空气净化器的哪些方面。在对用户评论进行了分词、去停用词、按词性筛选等一系列文本处理后，根据全部用户评论中出现频数最高的前 100 个词绘制了词云图（见图 5 - 27）。这些高频词看起来杂乱无章，但还是从中发现了很多亮点，如"声音""外观""送货""显示"等描述

图 5 - 27　用户关注的方面的词云图

服务特征或净化器特征的词。但是否正是这些大家普遍关注的地方影响了对空气净化器的评价呢？

为了深入探索，首先从高频词中提取了一系列描述"服务特征"和"净化器特征"的热评词，然后用两样本 t 检验对每个热评词进行初步判断。如果出现该热评词的评论得分与不出现的评论得分有显著差异，就保留该热评词。最后，为每一个热评词计算其在一台空气净化器的所有评论中出现的频率，作为该热评词在这台净化器上的表现（见图 5 - 28）。

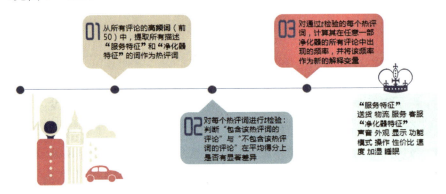

图 5 - 28　提取热评词

初步建立回归模型

以空气净化器为分析单位，使用线性回归模型来探索空气净化器的配置情况、该电商平台的促销情况，以及每个热评词出现的频率是否显著影响空气净化器的好评率。在回归模型中，使用 BIC 进行变量选择，结果如图 5 - 29 所示。空气净化器的价格、品牌、固态污染物 CADR 值以及气态污染物净化能效都能显著影响净化器的好评率。此外，选出了四个显著影响净化器好评率的热评词，分别为送货、外观、功能和性价比。功能、外观在评论中出现的频率越高，净化器的好评率越高，说明这两点是净化器的加分项；送货、性价比在评论中出现的频率越高，净化器的好评率反而越低，说明这是净化器的减分项。

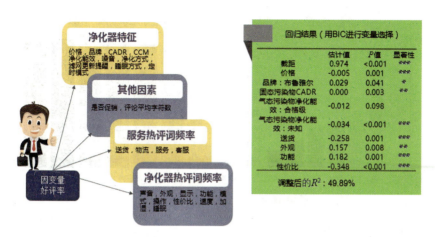

图 5 - 29 初步建立回归模型

深挖热评词

为了深入探索热评词对空气净化器好评率的影响,对每个显著的热评词进行深挖,找出它背后具体的关注点,并探索每个关注点的正负作用。

以功能为例,找出的关注点有:净化功能、加湿功能、操作情况、功能是否齐全、静音模式、显示功能和睡眠模式。图 5 - 30 左边的柱状图给出了包含每个关注点的评论在所有提到功能的评论中所占的比例,其中占比最高的是净化和加湿功能。进一步分析,统计了包含各个关注点的评论的平均分,并将它们和行业均值(也就是所有净化器评论的平均分)进行对比,从中就能看到各个关注点扮演的角色是"好孩子"还是"坏孩子"。图 5 - 30 右边的柱状图展示了这一对比结果。其中,所有包含功能的评论平均分要高于行业均值,但不同关注点的情况又有很大差异。作为净化器最主要的功能,净化这一关注点表现平平,加湿、静音和睡眠的表现都高于行业均值,但显示略低于行业均值。

此外,面对众多关注点,还希望找出哪些关注点是最重要的。可以用找出的所有关注点替代之前显著的四个热评词,重新建立回归模型进行探

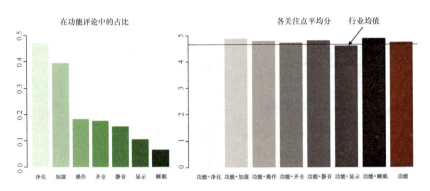

图 5 - 30　热评词：功能

究。研究发现，速度、包装、做工、净化、操作、静音和性能这几个关注点是用户最为注重的，能显著影响净化器的好评率。同时，相比用热评词进行回归的结果，模型的调整后的 R^2 有所提高，说明细分为关注点后，模型具有更好的解释效果。

空气净化器画像

　　根据前文建立的得分体系，可以为每台净化器进行整体画像，判断它在送货、外观、功能和性价比四个方面的整体表现。其次，对于每个热评词，可以更细致地给出净化器在该热评词各个关注点的细节画像。通过对比，为每台净化器找到具体的改进方向。以空气净化器 A 为例，可以计算它包含各个关注点的评论的平均分，并将其与包含该关注点的所有评论的平均分进行对比，从而给出 A 的细节画像。如图 5 - 31 所示，空气净化器 A 在性价比方面表现不好，主要是由于它在价位、性能和耐用性上表现不好，而在适用范围和品牌上表现都不错。

　　通过这套评价体系，可以为每台空气净化器进行整体画像和细节画像，从而有针对性地找到产品的问题所在，并确定未来的改进方向。

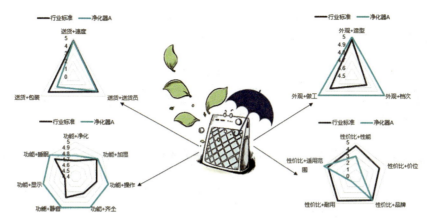

图 5 - 31 细节画像：净化器 A

温馨提醒： 进入狗熊会公众号（CluBear）输入文字："净化器"，听灰灰音频！

中文文本——数据分析岗位
招聘情况的影响因素分析

除了用户评论，产品介绍也是一类典型的文本数据。本案例以数据分析岗位的招聘情况来谈一谈如何利用这类文本数据。

研究背景与数据介绍

随着大数据时代的到来，各行各业的公司都开始招聘数据分析类人才。投身于数据分析浪潮的应聘者需要具备哪些素质？企业招聘人才时应该如何筛选简历？如何设定薪资？学校又该如何调整培养方案，才能使学生更好地适应社会的需求？为回答这些问题，我们基于 2016 年 9 月各大招聘网站发布的数据分析岗位招聘的相关信息，使用统计方法探究数据分析岗位的招聘情况及薪资影响因素，力求帮助广大求职者更好地定位自己、选择合适的工作，企业招到满意的人才，学校更有针对性地培养学生。

数据共包含 7 493 条招聘信息，覆盖北京、上海、深圳、山西、陕西以及河北六省市，具体描述如表 5-1 所示。

表 5-1　　　　　　　　　　　　　数据的具体描述

变量名称	数据描述
招聘职位	字符型变量，例如，数据分析员、战略分析经理
公司名称	字符型变量，例如，北京中航讯科技股份有限公司
公司所在地	定性变量，共 6 个水平，分别为陕西、山西、河北、北京、上海、深圳
公司类别	定性变量，共 8 个水平，分别为民营公司、上市公司、外资、国企、非营利机构、合资、事业单位、创业公司
公司规模	定性变量，共 7 个水平，分别为少于 50 人、50~150 人、151~500 人、501~1 000 人、1 001~5 000 人、5 001~10 000 人、10 000 人以上
公司行业类别	定性变量，共 443 个水平，例如，计算机服务、互联网/电子商务
经验要求	数值型变量，取值范围：0~10 年
学历要求	定性变量，共 7 个水平，分别为无、高中、中专、大专、本科、硕士、博士
招聘人数	数值型变量，取值范围：0~9 人
最低薪资	数值型变量，取值范围：1 500~200 000 元/月（存在异常值）
最高薪资	数值型变量，取值范围：1 500~59 999 元/月（存在异常值）
平均薪资	（最低薪资＋最高薪资）/2，取值范围：1 500~400 000 元/月
岗位描述	字符型变量，包括职位描述、任职条件等。例如，针对海量数据进行分析建模，挖掘数据潜在价值，掌握一定数据统计及分析工具，熟练运用 SPSS，SAS，R 等数据挖掘工具的优先等
软件要求	定性变量，共 12 个水平，分别为 R，SPSS，Excel，python，MATLAB，Java，SQL，SAS，Stata，EViews，Spark，Hadoop

通过文本分析提取解释变量

由于收集到的数据含有大量的文本，比如公司的行业类别、岗位描述等，首先对这些文本数据进行词云分析。在公司行业类别和岗位描述中分别提取出现频率最高的关键词，并对剩余关键词绘制词云图。

以岗位描述提取的关键词为例，发现用人单位非常注重应聘者的数据分析经验和数据挖掘能力，团队合作、沟通、协调以及执行力等也很重要

（见图5-32）。另外，独立、有责任心等品质也不容忽视；会操作各种统计分析软件也很受欢迎（见图5-33）。

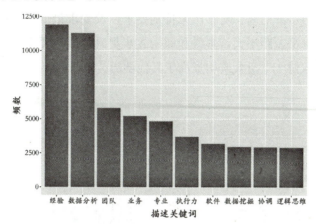

图5-32 出现频率最高的关键词

图5-33 剩余关键词的词云图

薪资、薪资！

首先运用箱线图来分析薪资与各个因素（包括地区、公司类别、公司规模、经验要求、学历要求及软件要求等）之间的关系（见图5-34）。以学历要求为例，从箱体的水平宽度可以看出，数据分析岗位大多要求中等学历，如大专及本科，要求硕士、博士或高中及以下的岗位较少。另外，薪资会随学历水涨船高。对学历无特别要求以及要求最低学历在大专以下的岗位薪资水平差距不大，本科和硕士逐步提升，虽然要求博士的工作岗位比较少，但博士学历薪资明显高于其他学历。

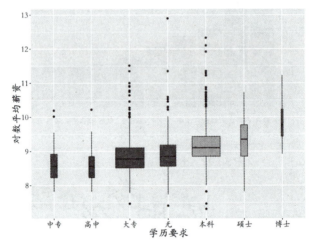

图 5-34　薪资与各个因素之间关系的箱线图

为了解数据分析岗位的薪资究竟受到哪些因素的影响，并量化影响程度，以对数化薪资为因变量建立回归模型。解释变量包括学历要求、经验要求、软件要求、公司所在地、规模和类型。以软件要求为例，有 12 种软件出现在了岗位描述中，建立了 12 个虚拟变量来表示岗位是否要求掌握该软件的使用。图 5-35 表示了对应回归系数的估计。

由图 5-35 可以看出，要求 R，Java，SAS，Python，SQL 以及 Hadoop 的数据分析岗位的需求通常为专业技术人才，故倾向于提供较高薪资。例如，要求 Hadoop 的数据分析岗位比未要求的平均薪资高 23.6%；要求 Excel 技能的岗位薪资相对于无此要求显著为负，猜测因为指明要求 Excel 的岗位多为初级数据处理工作，因此薪资相对较低。

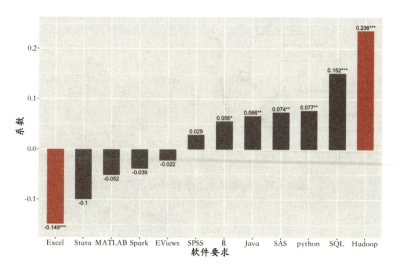

图5-35　对应回归系数的估计

产品商业化及应用

下面展示三种实际应用场景。首先，回归分析的参数估计结果可以用于应聘者的职业测评和用户画像（见图5-36）。

- 根据招聘岗位文本挖掘和回归模型系数估计确定招聘者的五维评分机制，对应聘者评分并画像，帮助其自我定位。

- 评分各维度分别为：专业技能、职业素养、学历、经验、软件掌握情况。其中前两项由文本挖掘结果赋予权重，后三项由回归系数估计赋予权重。

- 专业技能包括专业背景、数据分析和数据挖掘能力、撰写能力等。职业素养包括责任心、执行力、团队合作、表达能力等。

- 与传统的职业测评相比，本产品更具专业性，有垂直深入的优势。

图5-36　职业测评及应聘者画像

以一个职场菜鸟为例，给出五维评分及用户画像，如图5-37所示。

另外，该产品还可以通过回归模型的因变量区间预测为公司招聘定制薪资提供参考（见图5-38）。

图 5 - 37　职场菜鸟的五维评分及用户画像

- 将应聘者信息与招聘岗位情况代入回归模型得出薪资预测,为个人薪资预期和公司薪资制定提供参考。

- 不仅可以给出平均薪资的单点预测值,还可以通过预测区间给出薪资的范围。

图 5 - 38　薪资制定

最后,此产品对学校制定相关专业学生的培养方案也有一些借鉴意义(见图 5 - 39)。

- 建议增加数据分析软件操作课程的比重,特别是高级统计软件的训练。

- 注重实际数据分析及数据挖掘能力的培养,以案例教学为途径。

- 除专业技能外,应同时训练表达能力、PPT设计能力、团队协调等软实力。

- 尽可能为学生提供实习机会,丰富其工作经历。

图 5 - 39　相关专业培养方案优化

温馨提醒：进入狗熊会公众号（CluBear）输入文字："数据岗位"，听媛子音频！

中文文本——张无忌最爱谁

金庸的"射雕三部曲"，收官之作是《倚天屠龙记》。金老先生在后记里曾说：三部曲中郭靖诚朴质实；杨过深情狂放；张无忌的个性却比较复杂，也比较软弱。

这种软弱可以从他对爱情选择的游移上看出。幼时蝴蝶谷遇殷离有婚诺之约；年少汉水邂逅周芷若，几成良缘；光明顶遇小昭，意存怜惜；绿柳山庄遇赵敏，虽然针锋相对，但也一生羁绊。张无忌本人态度比较暧昧，可以说他性格里拖泥带水，见异思迁，放到现在基本称得上是渣男中的战斗渣。张无忌最爱谁？这是一个争论得沸沸扬扬的问题。今天，让我们从文本分析的角度来窥探端倪。

图 5-40

资料来源：图片来自网络。

文本数据结构化

分析小说等文本数据最大的难点在于数据高度非结构化。想要分析文本数据，先要确定分析的目标和对象，以达到结构化数据的目的。这里的目标是小说人物，因此可以把小说的主要人物和他们的称谓（同一行的代表同一人物的不同称谓）提取出来，如图 5-41 所示。

1	殷离 蛛儿 表妹 丑姑娘 丑八怪
2	周芷若 芷若 周姑娘 周掌门 周师妹 周姊姊 宋夫人
3	赵敏 郡主 小妖女 敏妹 敏敏 赵姑娘
4	小昭 小丫头
5	张无忌 无忌 曾阿牛 阿牛哥 公子 张教主
6	杨逍
7	丁敏君 敏君
8	殷素素 素素
9	张翠山
10	纪晓芙 晓芙
11	宋青书 青书
12	谢逊
13	杨不悔 不悔
14	殷梨亭
15	范遥
16	灭绝
17	金花婆婆

图 5-41　小说中的主要人物及称谓

接下来，要确定分析单位。先摘录小说原文两段：

春游浩荡，是年年、寒食梨花时节。白锦无纹香烂漫，玉树琼葩堆雪。静夜沉沉，浮光霭霭，冷浸溶溶月。人间天上，烂银霞照通彻。浑似姑射真人，天姿灵秀，意气殊高洁。万化参差谁信道，不与群芳同列。浩气清英，仙才卓荦，下土难分别。瑶台归去，洞天方看清绝。

作这一首《无俗念》词的，乃南宋末年一位武学名家，有道之士，此人姓丘，名处机，道号长春子，名列全真七子之一，是全真教中出类拔萃的人物。《词品》评论此词道："长春，世之所谓仙人也，而词之清拔如此。"这首词诵的似是梨花，其实词中真意却是赞誉一位身穿白衣的美貌少女，说她"浑似姑射真人，天姿灵秀，意气殊高洁"，又说她"浩气清英，仙才卓荦""不与群芳同列"。词中所颂这美女，乃古墓派传人小龙女。她一生爱穿白衣，当真如风指玉树，雪裹琼苞，兼之生性清冷，实当得起"冷浸溶溶月"的形容，以"无俗念"三字赠之，可说十分贴切。长春子丘处机和她在终南山上比邻而居，当年一见，便写下这首词来。

从以上两段文字可以看出，尽管文本长度参差不齐，但是金老先生在创作小说时已经给了最好的建议：自然段。自然段是这里的基本表意单元，可以以自然段为基础进行统计分析。在这里，划分分析单元的方式还有许多，比如，以句子为单位可不可以呢？当然可以，只要是相对独立的表意单元即可。

人物分析

基于文本的描述分析可以说丰富多彩，千变万化。这里，根据分析目标，将描述性分析定位在人物分析的层面，从出场频次、出场时间、亲密程度、称谓变化来解析作者对小说人物的刻画。

出场频次

首先是人物分析。小说对各个人物的着墨如何？这反映了不同人物的分量轻重。具体包括两个问题：

（1）如何定义一个"人物"？

（2）如何将其出场记做一次？

对于问题（1），以主人公张无忌为例，定义这个人物最简单直接的方式是匹配"张无忌"这个名词。这种方法有没有漏洞呢？有。小说中极少有机会出现"张无忌"这个完整的名词，大多数时候出现的都是他的其他称谓，比如"无忌""阿牛哥""张教主"等。因此，可以按照之前的数据准备，将同一人物的不同称谓对应到"张无忌"这个人物上来。在确定了人物之后，接下来就可以统计人物的出场次数了。同样，可以采取简单的方式：计数词频。但是，正如之前提到的一样，自然段是表意的基本单位，所以在这里，统计人物出现的自然段的数目，作为其出场次数。该统计结果如图 5-42 所示。毋庸置疑，小说男主角张无忌出现的次数最多，其后依次是赵敏、周芷若、殷离、小昭。其中，对于赵敏和周芷若的着墨可以说是难分伯仲。

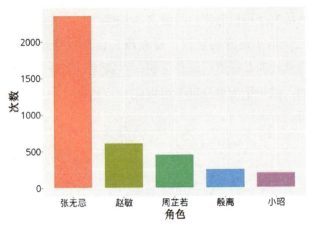

图 5-42　各个人物出现的次数

出场时间

除了出场频次，在小说中，人物的出场时间也同样重要。这里可以将自然段按照顺序编号：1，2，…，T。自然，时间点就可以理解为这个自然段编号（$t=1$，2，…，T）。然后，对于每个人物而言，可以统计其出场的时间点，如表 5-2 所示。

表 5-2　　　　　　　　　　各个人物出场的时间点

人物	出场自然段
周芷若	730，732，737，738，……
张无忌	1 241，1 242，1 243，1 245，……
赵敏	3 590，3 591，3 593，3 594，……

从表 4-2 可以看出，周芷若出场最早，张无忌居其中，而赵敏最晚。根据人物出场自然段的统计，不难对人物出场时间进行密度刻画，以此看出作者在小说前、中、后期对人物描写笔墨的分配。图 5-43 给出了出场

时间密度图。为了简单起见，这里只给出了前面戏份最重的三个主角：张
无忌、赵敏、周芷若。

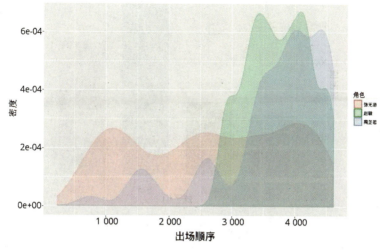

图 5 - 43　人物出场时间密度图

从图 5 - 43 可以看出，作者对男主角张无忌的着墨是比较均匀的，而
对周芷若、赵敏的安排却差别迥异。周芷若身世、汉水初遇、峨嵋学艺的
情节，已经在前期做好了铺垫。而对赵敏的描写就比较离奇了，从图 5 - 43
可以看到，赵敏的出场几乎在小说的中后期。由此开始，金庸对张无忌、
赵敏、周芷若之间的感情纠葛进行了浓墨重彩的描写。

亲密值

前文提到，赵敏的出场几乎在小说的中后期，但是，这难道意味着敏
敏郡主就甘拜下风了吗？事实上，赵敏、周芷若、殷离、小昭四位佳人都
与男主角有过情感纠葛，但程度却难以界定，那么能不能通过她们与张无
忌同时出场的次数来刻画亲密程度呢？

刚才提到，自然段是表意基本单元，同一自然段意义相近，中心一
致。因此，可以这样定义她们与张无忌的亲密值：与张无忌出现在同一自
然段的次数。结果如图 5 - 44 所示。可以看出，尽管敏敏郡主出场不利，

但是制造了更多跟张教主亲密接触的机会，可以说是战斗力爆表。

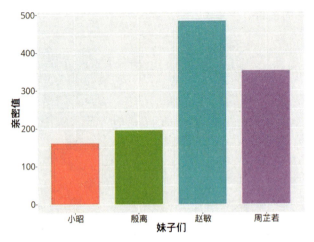

图 5 - 44 四位佳人与张无忌的亲密值

称谓变化

除了以上要素，人物的称谓变化也是值得分析的基本点。回顾前文的人物称谓图，每个称谓都有它背后的故事。下面择要解读。

从称谓信息来看，除了小昭的称谓比较单调之外，其他角色都有不同的称谓变化。类似于之前的出场时间密度统计，可以分析人物不同称谓的出场密度。以殷离为例（见图 5 - 45），可以看到她在全书中称谓的变化。殷离刚出场时，金庸对其描述是"面容黝黑，脸上肌肤浮肿，凹凹凸凸，生得极是丑陋"，因此在初期时"丑八怪"是对她的刻画。而后来她的真实身份曝光，才知道她其实是殷野王之女，与张无忌是表兄妹之亲。因此这也就不难猜到为何在后期"殷离"和"表妹"占主要比例了。

接下来，围绕本文主题来看看周芷若和赵敏的称谓变化。为了体现她们与张无忌关系中的称谓变化，这里只保留曾出现张无忌的自然段。其中，周芷若的称谓变化如图 5 - 46 所示。

从图 5 - 46 可以看出，开始"周姑娘"和"芷若"出现较多，可以说是比较尊敬和亲昵的称谓。而后期随着周芷若为完成师父遗命生出种种事端

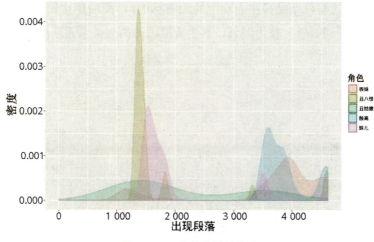

图 5 - 45 殷离称谓的变化

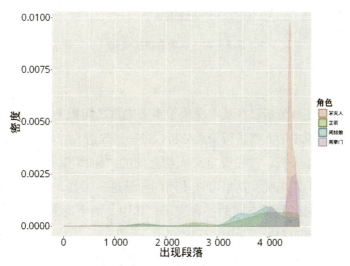

图 5 - 46 周芷若称谓的变化

（偷倚天剑、屠龙刀，试图杀害殷离并嫁祸赵敏），人设逐步转黑。我们也逐渐看到，更有距离感的称谓，例如周掌门、宋夫人在后期频出。这也象征着她与张无忌在后期的人生道路上渐行渐远。

再来看看赵敏的各个称谓在各自然段的分布结果（从其出场开始到结束）。从图 5 - 47 可以看出，前期诸如"赵姑娘""赵敏"等尊称占主要部分（注意，这些称谓是存在心理上的距离感的），而后期比较亲昵的称呼，例如"敏妹""敏敏"较为频繁，其主要原因是两人关系逐渐缓和。

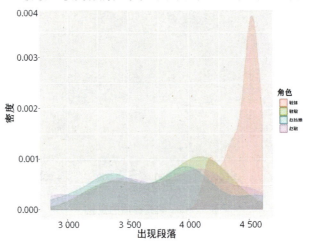

图 5－47　赵敏称谓的变化

人以群分

前文的描述性分析已经基本反映了本书主角之间相爱相杀的关系，接下来我们对小说中的人物进行聚类分析，进一步理清人物之间的关系。

要进行聚类分析，首先要定义人物之间的"距离"。那么，如何定义文本词目之间的距离呢？这里可以使用词向量这一工具。简单来说，词向量就是将词映射到欧氏空间的一种表示。其中，两个词语的语义越相似，其欧氏空间距离越相近（见图5－48）。

如何得到词向量呢？简言之，该模型通过对语料进行神经网络的训练，可以把每个词映射到低维向量空间，词语之间的相近关系可以用向量的 cosine 夹角表示[①]。由于中文的特殊性（不像英文一样词语之间以空格分隔），训练词向量需要先对文本进行分词，去除停用词（比如"的""了"等表意特征不明显的词）。

---

① 其模型推演及训练的科普帖请参考狗熊会微信公众号中更详细的版本。

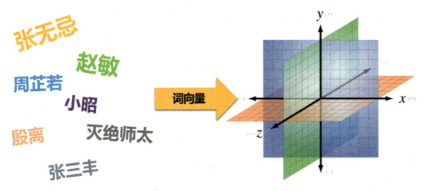

图 5 - 48　词向量的欧氏空间表示

分词后，可以将语料通过 word2vec 模型①进行训练，得到每个词对应的词向量。有了每个主角名词对应的词向量，就可以进一步定义主角之间的"距离"；基于此，选择层次聚类法，对词向量结果进行聚类分析。由图 5 - 49 可以看到，聚类结果基本表征了小说中主要的人物关系。比如，张翠山夫妇与谢逊曾一同共处冰火岛；张三丰一支为武当派主要人物；金花婆婆的女儿为小昭，徒儿是殷离；灭绝师太一支主要是峨嵋派代表；中

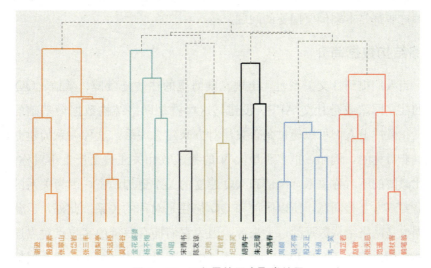

图 5 - 49　词向量的层次聚类结果

① https://code.google.com/archive/p/word2vec；https://en.wikipedia.org/wiki/Word2vec.

间殷天正一支为明教核心首领；而最右边为郡主府的主要随从。

从图 5-49 来看，虽然张无忌、赵敏、周芷若同属一支，但是张无忌与赵敏的关系更为亲密。这也印证了他在全书终时对芷若说的话："芷若，我对你一向敬重，我对殷家表妹心生感激，对小昭是意存怜惜，可是我对赵敏却是刻骨铭心的相爱！"

温馨提醒：进入狗熊会公众号（CluBear）输入文字："张无忌"，听布丁音频。

网络结构数据——《甄嬛传》中的爱恨情仇

社交网络是最近十年兴起的一种新型社交媒体，从最初的开心网、人人网到现在的微博、微信等，互联网时代见证了一批又一批社交网站的兴起与衰退。随着最近几年大数据概念的火热传播，社交关系数据被广泛地提及和应用。社交关系数据是典型的网络结构数据。那么什么是网络结构数据？有哪些最常见的来源？如何描述网络结构数据？它有哪些基本的特征？这些都是本案例要回答的问题。

网络结构数据简介

当人们提到社交关系时，出现在脑海里的往往是微博、微信、QQ 这样的社交网站或是社交 APP。没错，这些就是网络结构数据最基础的来源。在微博上人们可以通过是否关注对方来建立关系，这种关系的建立往往是非对称的，例如，很多明星大 V 的粉丝数和关注数是严重不对称的。相比微博的不对称关系，微信和 QQ 建立的关系更加私密，因为关系的建立需要双方互相同意，所以微信和 QQ 往往是对称的关系。此外，运营商数据也是网络结构数据的一大来源，因为它们拥有海量的客户点对点通信数据。如果定义一个人和另一个人通过电话就可以建立关系，那么根据用户的通话详单，就可以构建一个又一个关系网络。所以，只要能够合理地定义关系的形成，就可以获得很多网络结构数据。

用一部《甄嬛传》教你认识网络结构的方方面面

《甄嬛传》想必大部分读者都看过，或者听说过，在这部剧里皇帝和各个妃嫔之间的关系可谓是错综复杂，形成了一个又一个网络结构。接下来就以《甄嬛传》为例带大家了解网络结构的方方面面。

网络拓扑结构：再复杂的宫斗最后也浓缩为点和线

网络结构数据就是由网络拓扑结构（如皇帝与妃嫔之间的关系）以及附着在这上面的其他相关数据构成的。为了更清晰一些，不妨用图表进行展示。假设图 5-50 所展示的是《甄嬛传》中错综复杂的网络拓扑结构。在一个网络拓扑结构中，有两个重要的元素：一个称为节点（node），即图中大小不一的圆圈，用来表示网络当中的成员，例如这里我们标出了甄嬛、皇后和皇帝。另一个就是连接节点与节点之间的边（edge），用来表示网络成员之间的关系。根据边的方向性，又可以进一步把关系分为有向的

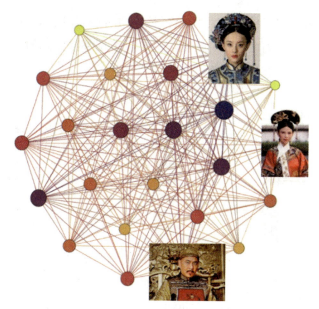

图 5-50 《甄嬛传》中人物关系的网络拓扑结构

和无向的，相应地就可以构成有向网络和无向网络。对于有向网络，A 关注了 B 并不代表 B 会关注 A；相反在无向网络中，由于关系的无向性，A 关注了 B 也代表 B 同时关注了 A。

网络数据：那些爱恨情仇不过是矩阵里的一个元素

对于网络拓扑结构，常常用邻接矩阵（adjacency matrix）来表示。在这以皇帝、皇后、华妃、甄嬛和沈眉庄为例进行简单的说明。在最开始的时候，皇后、华妃党还没有和甄嬛结怨，故不存在联系关系，所以这五个人的关系可以简单地用图 5-51 中的左图展示，注意这是一个无向的网络。下面要做的就是把这样的图形展示转换成一个邻接矩阵。邻接矩阵首先是一个方阵，这里有 5 个节点，所以这是一个 5×5 的方阵，将 5 个节点分别列在横排和纵排，矩阵里有两个元素，分别是 0 和 1。举个例子，皇帝和甄嬛之间存在一条边，所以由皇帝到甄嬛的这个单元格填充 1，表示存在一条关系，否则为 0，没有关系。以此类推，就可以把图 5-51 中的左图用图形展示的网络拓扑结构表示成图 5-51 中的右图的邻接矩阵形式。所以从实质来看，左右两图是等价的，只不过采用邻接矩阵的形式更方便对网络结构数据进行存储和运算。

	1皇帝	2甄嬛	3皇后	4华妃	5沈眉庄
1皇帝	0	1	1	1	0
2甄嬛	1	0	0	0	1
3皇后	1	0	0	1	0
4华妃	1	0	1	0	0
5沈眉庄	0	1	0	0	0

图 5-51　网络关系的邻接矩阵表示

值得一提的是，上面构建的邻接矩阵是一个 0-1 矩阵，即只表示了是否存在一条关系，而在网络中还可以对关系定义强弱，即强关系还是弱关系，那么这就涉及有值的邻接矩阵，即要对边定义权重，在本书中暂不考虑这种邻接矩阵的定义和分析。

邻接矩阵所展示的是和边相关的数据，皇宫里的爱恨情仇不过是 0 和 1 的关系，所以各位小主还是看开点好。除了和边相关的数据，还有和节点相关的数据，比如姓名、年龄、职业、教育背景等，这些更多的是传统数据中的属性数据。因此，对于网络结构数据来说，除了拥有传统数据里的一些属性结构外，最大的特点就是定义了来自边的数据。

姓名
年龄
职业

关注
点赞

图 5 - 52　附着在网络结构上的其他数据

网络密度：一入皇宫深似海

一入皇宫深似海，那么究竟有多深呢？这就涉及如何刻画一个网络的密度。我们将网络密度（density）定义为网络中实际存在的边与可能存在的边的比例。网络密度刻画了一个网络的疏密程度，密度越大，说明网络越稠密；反之，网络越稀疏。仍以初期的皇帝、皇后、甄嬛、华妃和沈眉庄的网络结构为例，根据定义，可以计算出表 5 - 3 这个网络的密度为：10/20＝

0.5。这可以算是一个极其稠密的网络了，只能说"皇宫有风险，入宫需谨慎"！值得一提的是，在现实的网络数据中，网络密度往往是非常低的。

表 5-3

	1 皇帝	2 甄嬛	3 皇后	4 华妃	5 沈眉庄
1 皇帝	0	1	1	1	0
2 甄嬛	1	0	0	0	1
3 皇后	1	0	0	1	0
4 华妃	1	0	1	0	0
5 沈眉庄	0	1	0	0	0

出度（入度）：纵有佳丽三千，唯有心头一人

古代女子进宫无非是想得到皇帝的恩宠，从此平步青云。然而三宫六院，佳丽三千，独得一宠谈何容易？这里其实说的是关系的不对称性，那么如何刻画这种不对称性呢？首先要介绍的一个概念是"度"，又可以分为出度（out-degree）和入度（in-degree）。出度指的是由某一个节点向外发出的边的个数；入度指的是指向某一个节点的所有边的个数。如图 5-53 所示，对于皇帝来说，他和甄嬛、皇后和华妃有联系，所以皇帝的出度为 3；对于沈眉庄来说，只有甄嬛的关系指向了她，因此她的入度是 1。所以对于皇帝来说，他是"度"最大的那个人，拥有了众多的佳丽资源，然而对于小主们来说，除了皇帝，又有几个是她们的知心姐妹呢？

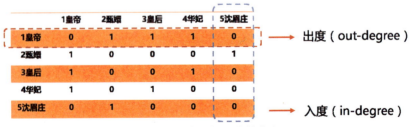

图 5-53　出度与入度的定义

稀疏性：皇后怎么会瞧得上嬛嬛？

有人把《甄嬛传》比作一个女人的复仇史，其实也不为过。嬛嬛是如

何从最开始的一个弱女子成长为一个女强人的呢？其实社交关系完全可以给出答案！起初嬛嬛作为一个无名小辈怎么会被皇后注意到？当然不会！这是由社交网络的稀疏性（sparsity）决定的，稀疏性说的是任何两个个体产生一条边的概率几乎为 0。如果用数学的形式表达，就是 $P(a_{ij}=1) \to 0$，即由个体 i 到个体 j 产生关系的概率趋于 0。换句话说，皇帝每年要选那么多的佳人入宫，皇后怎么可能每一个都关注，所以最开始嬛嬛要想得到皇后的关注几乎不可能。

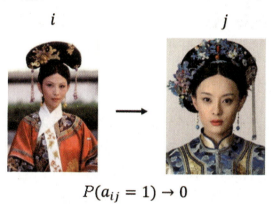

$$P(a_{ij}=1) \to 0$$

图 5-54　稀疏性的理解：任何两个个体产生一条边的概率几乎为 0

传递性：嬛嬛是如何被皇后恨上的？

嬛嬛究竟是如何被皇后恨上的呢？这其中一定有着千丝万缕的关系。最开始甄嬛作为一个无名小辈，是不可能被皇后认识的，但是后来嬛嬛进了宫，受到了皇帝的恩宠，这就建立了从皇帝到嬛嬛的一条边，而皇后作为六宫之主，对于皇帝的一举一动必然是了如指掌，于是皇后到嬛嬛的关系就通过皇帝这个关键节点建立起来了。实际上，在社交网络中，很多关系的建立都是通过这种传递性（transitivity）来实现的。在微博上，经常能看到这样的推送信息，"你可能认识某某人"，这是非常典型的好友推荐，好友推荐很大程度上是依赖于共同好友信息或是这种传递性。所以，传递性能够帮助社交网络中的节点建立更多的关系。

图 5-55　传递性图示

互粉性：嬛嬛如何意识到皇后对自己的"关注"？

皇后和嬛嬛本来可以相安无事，但是由于嬛嬛太得宠，招来了皇后、华妃等一干人的嫉妒，在经历各种打压之后，嬛嬛终于要出手了！网络结构的互粉性（reciprocity）说的是一旦给定个体 i 到个体 j 有一条关系，那么会大大增加从个体 j 到个体 i 建立一条关系的概率。用数学的方式表达就是 $P(a_{ij}=1 \mid a_{ji}=1)=0.7$，这是一个条件概率的形式。在很多实际的例子中，可以看到互粉的比例要比单向关注关系的比例高得多。在网络中，由稀疏性知道任意两个人认识的概率是非常低的，但是如果给定 A 对 B 建立了关系（皇后一直在打压嬛嬛），那么由互粉性知道，B 对 A 建立关系的概率会大大增加（嬛嬛也逐渐意识到皇后对自己的打压，势必反击）。

幂律分布：皇帝坐拥后宫三千，百姓只有妻妾二三

拥有佳丽三千，这估计是古代每个男人的梦想。但是理想很丰满，现实很骨感。大多数人都是平常百姓，而皇帝只有一人。这说的就是网络结构数据的幂律分布（power-law distribution）特征，即在社交网络中只有少部分人会有极其多的好友，而大多数人只有平均水平的好友数。再比如在微博上，只有像明星大 V 这样的用户会有百万级甚至千万级的粉丝数，

$$P\left(a_{ij}=1\middle|a_{ji}=1\right)=0.7$$

图 5 - 56　互粉性图示

而对于普通大众来说，粉丝数平均可能只有几百或几千。如果把一个社交网络中每个人拥有的粉丝以直方图的形式展示出来，那么会看到粉丝数的分布呈现图 5 - 57 的样子。社交网络的这种幂律分布说明，在网络结构数据中存在一些有强影响力的节点，他们起着非常关键的作用。

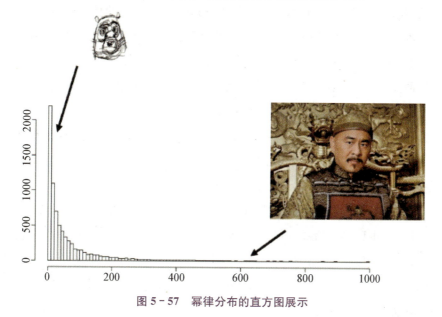

图 5 - 57　幂律分布的直方图展示

至此，我们用一部《甄嬛传》梳理了关于网络结构数据的最基本知识，诚然，这些概念并不全面，但是却能帮我们揭开关于网络结构数据的一层面纱。

温馨提醒：进入狗熊会公众号（CluBear）输入文字："甄嬛传"，看静静原文！

图像数据——通过图片识别 PM2. 5

图像数据是另外一种常见的非结构化数据。它是时代发展、数码成像技术愈发成熟后出现的一种独特的数据类型。

图像数据简介

一幅图像在电脑中存储的方式往往非常简单粗暴。以长方形图像为例，电脑首先将它横着切 9 刀，纵着切 9 刀，形成 $10 \times 10 = 100$ 个方块，这其实就是像素了。当然，真正的数码成像技术所得的像素要比这高很多，也更复杂深刻。但最基本的道理就是这样。然后，每个小方块（一共 100 个）就是一个像素点。在一个给定的像素点上，计算机不再区分它们的颜色深浅，而是用一个均匀的整色表达。从数学上看，这常常被表达成一个长度为 3 的向量，分别对应着三种原色：R（red），G（green），B（blue）。每个元素的取值在 $0 \sim 1$。其中 0 表示没有这种色素，而 1 表示最强。如果一个像素点的三个元素都取 0，就成了黑色；如果三个元素都取 1，就成了白色。

如图 5 - 58 所示，图像数据有太多的重要应用了。例如在医学成像中，X 光片、MRI、彩超等，都属于图像数据分析的范畴。平常手机上的指纹识别、人脸识别、美图秀秀也是关于图像数据的应用。停车场中关于车牌号的自动识别也是图像数据分析的应用成果。图像方面的成功应用不胜其数，相关专著汗牛充栋。

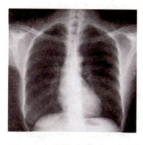

医学成像　　　　　　　　指纹识别　　　　　　　人脸识别

图 5 - 58　图像数据应用举例

图像数据与 PM2.5

图像数据可以预测 PM2.5 吗？不妨一探究竟。我们的研究想法部分受到邹毅先生的启发。邹毅先生是一位致力于全民环保的环保达人，创办了"北京·一目了然"公益环保项目。"北京·一目了然"是一个针对大气污染防治，号召和推动广大公众通过手机拍照的方式，专门对雾霾问题进行参与、关注、研究、监测和大数据分析，致力于打造以空气质量分享、提供大气环境质量信息服务、以亿计公众参与的公益环保共享平台。邹毅先生通过自己长期的手机拍照行为，记录了北京甚至其他城市的空气污染状况（见图 5 - 59）。

图 5 - 59 来自邹毅先生的新浪微博。我们惊奇地发现，空气质量的好坏是有可能通过图片表达出来的。也许这种表达无法达到国控专业站点的精度，但是这种方式的成本非常低，因此可以鼓励更多人记录跟踪，并且难以造假。受此启发，我们决定用自己的相机设备，自主采集图像数据，并尝试通过合理的统计学模型，建立图像与 PM2.5 之间的关系。

雾霾，会呼吸的痛

雾霾，已经成为人们生活的一部分，其首要污染物成分就是 PM2.5，即环境空气中空气动力学当量直径小于等于 2.5 微米的颗粒物。PM2.5 能较长

图 5 - 59 一组来自新浪微博的北京空气质量图

时间悬浮于空气中，会对空气质量、能见度以及人体的健康产生不良影响。其在空气中含量浓度越高，空气污染越严重。自 2013 年 1 月起，京津冀、长三角等重点地区共 74 个城市已经开始按照《环境空气质量标准》（GB 3095—2012）对包含 PM2.5 在内的空气首要污染物开展监测和评价。截至 2016 年 11 月底，全国共设 1 436 个国家空气质量监测站点，由国家统一运行维护，监测数据直报国家并对外公开。但事实上，全国大量的监测站点数据质量难以保证。有的监测站点因为维护不善存在大量数据缺失、数据质量参差不齐的现象，造假事件更被屡屡曝光。

在这种情况下，我们试图找到一个更简便有效的途径来观测 PM2.5 值。我们的建模启发来自图像分析。从邹毅先生的图片中可以看到，空气污染程度不同，人眼的观感也不同，因此照片中必然含有一定的 PM2.5 信息。为此，我们在北京大学的某个位置架设了一台最简易的手机（能照相即可），并通过自己设计的 APP 定时拍照，自动向指定的网盘传输数据。希望用这些图片信息来解释国控万柳站（离北京大学最近）的 PM2.5 数

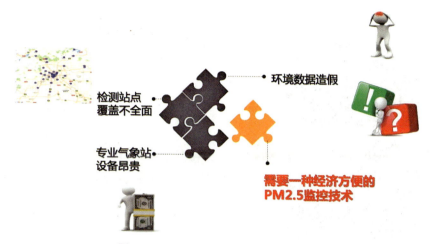

图 5 - 60　PM2.5 数据质量监控的挑战

据。如何将人们对于图片的朴素感知转化成可以量化的、与 PM2.5 相关的特征，是这个项目成败的关键。

图像特征：灰度差分值的方差

灰度是指一张黑白图像中的颜色深度，对于彩色照片，灰度就是 RGB 的线性组合，一般情况下亮部灰度值低，暗部灰度值高。灰度的变化可以反映图像中明暗的变化，雾霾越严重，图像越不清晰，灰度变化也就越小。我们定义灰度差分为某一像素点的灰度值减去上格像素点灰度值。遍历图像中所有像素点求其灰度差分，而后计算灰度差分的方差，最后取方差的对数作为图像特征。以空气质量状况迥异的两张图片为例（见图 5 - 61），第一张图像的空气质量状况为优，PM2.5＝3，其灰度差分的方差为 0.003 7；第二张图像的空气质量等级达到了重度污染，PM2.5＝428，其灰度差分的方差为 0.000 9，明显小于第一张照片。此外，从箱线图可以看出，随着 PM2.5 的污染程度增加，灰度差分的方差呈减小趋势。

图像特征：清晰度

清晰度来源于计算机视觉图像中的去雾领域，它表示反射光未衰减的

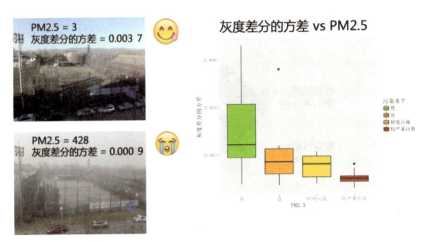

图 5 - 61 灰度差分的方差

比例。拍照的原理是物体的反射光被相机接收，设此反射光为 $J(x)$，但它在传播过程中会有一定的衰减，我们将最后到达相机的剩余反射光的比例记为 $t(x)$，即清晰度，最终到达相机的来源于物体的反射光为 $J(x)t(x)$。此外，还有一部分光也会到达相机，这就是大气背景光，设其为 A，到达的大气背景光占所有接收到的光的比例为 $1-t(x)$。因此，相机最终接收到的总光强为 $J(x)t(x)+A(1-t(x))$。如图 5 - 62 所示天安门的图像，加了大气背景的雾霾，就变成了灰蒙蒙的样子。

图 5 - 62 清晰度

图像特征：饱和度

饱和度指图像中色彩的鲜艳程度，例如图 5-63 中花的照片，调高它的饱和度，可以看到花朵变得更加鲜艳了。提高饱和度会使图像色彩更鲜艳，显得空气质量有所提升。饱和度与图像中灰色成分所占的比例有关。雾霾会使图像变灰，色彩鲜艳程度减弱，因此雾霾越严重，图像饱和度越低。从图 5-64 可以看出，当 PM2.5＝3 时，饱和度平均值为 0.41；当 PM2.5＝428 时，饱和度平均值为 0.22。从箱线图中发现，随着污染程度加重，饱和度的平均值逐渐下降。

图 5-63 饱和度（一）

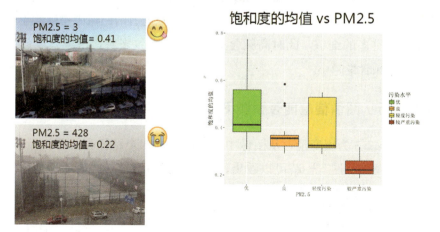

图 5-64 饱和度（二）

图像特征：高频含量

如果把图片看成一个二维信号，将这个信号在频域上进行分解，可以得到图像的频率分布，这种频率分布反映了图像的像素灰度在空间中变化的情况（见图 5-65）。我们定义分布中的高频含量为 99.8％分位数减去 0.2％分位数的值。在一面墙壁的图像中，由于灰度值分布比较平坦，高频成分就会较弱。也就是说，高频含量决定了图像的细节部分。

 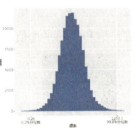

图像视为二维平面信号

灰度图像进行二维傅里叶变换，得到图片的频率分布

高频含量 = 频率分布99.8%分位数 − 0.2%分位数

天气晴朗，细节丰富，图片高频含量会比较多；
雾霾严重，细节被掩盖，高频含量会显著减少。

图 5-65   高频含量（一）

从图 5-66 可以看出，两张图片中的红框就是图像中的一处细节。当 PM2.5 = 3 时，细节很丰富，可以分辨远山、建筑、天空，此时高频含量为 1253；而 PM2.5 = 428 时，雾霾很严重，只能看清图像中物体的轮廓，难以分辨更多的细节，此时高频含量为 431。大致来看，污染程度越高，图像的高频含量越小。

回归分析：图像信息能否预测 PM2.5？

以 PM2.5 为因变量，从图像中提取出来的四个特征为解释变量，建立回归模型。从图 5-67 可以看出，回归系数的符号与之前的预期一致，回归的拟合优度为 0.82。

再来看模型的预测效果。这里，不考虑具体的 PM2.5 取值，而是关心污染程度。我们建立了定序回归模型，并使用留一交叉验证法来考察模

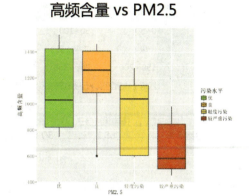

图 5-66　高频含量（二）

变量	系数估计值	P值
灰度差分的方差	18.273	0.144
清晰度	-70.447	<0.001 ***
饱和度的均值	-45.231	<0.001 ***
高频含量	-40.969	<0.001 ***

图 5-67　PM2.5 的线性回归

型的预测效果。结果表明（见图 5-68），预测为相同等级的占比 68.1%，相差一个等级的占比为 30.1%，这一结果说明构建的模型能够有效地通过定点图像识别 PM2.5。

总结与展望

在本案例中，通过从图像中提取特征来解释 PM2.5。这种监控方法不受专业工具限制、成本非常低，并且可以让普通大众都加入到对空气污染

PM2.5值对应的空气质量等级：中国			
PM2.5值	0~50	50~100	100~150
空气质量等级	一级（优）	二级（良）	三级（轻度污染）
PM2.5值	150~200	200~300	300~500
空气质量等级	四级（中度污染）	五级（重度污染）	六级（严重污染）

预测集与训练集的划分——
留一交叉验证法：
每次提取1个样本作为预测集，剩下的作为训练集进行对此样本的预测

|预测等级-实际等级|	0(完全正确)	1	2	3
百分比 / %	68.1	30.1	0.0	1.4

图 5-68　污染等级

的监控队伍中来。当然，这种方法还存在一些问题，比如只能利用白天的图片，拍摄角度和光线也会对分析结果造成影响。针对这些问题，可以从以下方向继续努力探索：(1) 增加设备。可以尝试在同一个检测站周围的不同地点进行拍照，增加拍摄视角和画面的多样性。(2) 建立非定点模型。现在的拍摄多是定点画面，图片自变量的泛化能力有待考察，可以努力提高模型的稳定性和扩展性。(3) 增加与雾霾有关的其他变量，比如光照、天气、季节因素等。希望通过这些探索，可以让图像成为一种更为可靠的 PM2.5 预测手段。

温馨提醒：进入狗熊会公众号（CluBear）输入文字："PM"，听莉晶音频。

刷卡数据——互联网征信

本案例的业务背景是一家拥有海量刷卡数据的小贷公司。作为一个小贷公司，其主要业务就是发放小额、无抵押、无担保的贷款。其收益主要是高额利息，其风险是贷款者赖账的损失。因此，该企业希望通过对自己手中的刷卡数据进行有效分析，形成关于小贷申请人信用的打分，用于指导实际小贷业务。

刷卡数据简介

　　什么是刷卡数据？比如在一张如图 5 - 69 所示的刷卡单上，通常可以收集到如下信息：（1）商户信息；（2）银行卡信息；（3）交易信息（交易时间、交易金额）。而实际上却不是只有刷卡单上的这些文字和数据这么简单，具体到企业的数据库中，看到的是结合用户信息的四张重要的表格：用户信息表、商户分类信息表、银行卡信息表、交易事实表。

图 5 - 69　刷卡数据

　　具体而言，这四张表格分别通过不同的关键字连接（见图 5 - 70），具体如下：（1）用户信息表可以通过用户手机号码和交易事实表对应，一个用户手机号码对应多个交易事实记录；（2）商户分类信息表可以通过商户编号和交易事实表对应，多个交易事实可能产生于一个商户编号；（3）银行卡信息表可以通过银行卡的前几位数字（称为卡标首）和交易事实表中的卡号对应。这四张表格中包含的信息可以说纷繁复杂。

　　四张表格中包含的具体变量信息有：用户信息表，包括手机号、注册时间等；商户分类信息表，包括创建时间、商户号、商户名称、商户 1～7 级分类名称及代码等；银行卡信息表（银行卡卡片类型信息），包括卡标首（银行卡的前几位数据，决定了属于哪一家银行的哪一种类型的卡片）、账户类型（例如储蓄卡或者信用卡、银行名称等）；交易事实表，包括流水号（每一笔交易会被制定一个流水号码）、交易手机号、交易时间、商户号、账单号账单金额等。

图 5 - 70　四张重要表格的连接

Y 是什么？

根据业务目标，需要对每个申请人的诚信打分。因此，分析的样本应该是在个人的个体层面，而不是交易。作为小额贷款业务，关注的核心当然是用户违约和非违约的状态。因此，可以设定 $Y=0$ 表示用户违约，而 $Y=1$ 表示不违约。由此可见，本质上这是一个 0 - 1 回归的问题。

X 是什么？

这是比较让人抓耳挠腮的地方。因为原始的刷卡数据是记录在交易层面的，而不是个人层面的。这意味着，同一个人会有很多交易，因此会有很多刷卡信息。这么多信息，应该如何汇总到个人的层面呢？

用户基础信息变量

通过跟业务人员的沟通与交流，可以获得如下基础信息变量：（1）现有的企业征信得分。这是在熊大团队没有上手前，合作伙伴自己研发的得分，具有一定区分度。（2）用户性别。（3）用户年龄。（4）用户的注册时长。（5）交易笔数。（6）所有交易行为均值。（7）用户所有交易行为最大值。（8）借贷比率：用户所有行为中，采用贷记卡（或称信用卡）交易的次数占所有采用贷记卡或者借记卡（或称储蓄卡）交易次数的比率。（9）银行卡数。

RFMS 模型

接下来该看让人头疼的各种刷卡记录了。每个人有成千上万的记录，到底该怎么办呢？为此，需要一个系统的方法论：RFMS 模型（见图 5-71）。它是传统营销领域的 RFM 模型的拓展。

R Recency
最近一次消费间隔时间

F Frequency
最近一段时间购买次数

M Monetary
某段时间内消费金额

S Standard Deviation
某段时间内消费金额标准差

图 5-71

假设数据提取时间 $t=50$。在此期间内，用户 A 消费 3 次，那么 $F=3$；平均金额为 100，即 $M=100$；最近一次消费距数据提取 15 天，即 $R=15$；而能够看到对于 B 用户来说，每次消费的金额都是一样的，所以 $S=0$（见图 5-72）。

同理，如果能够将用户行为分成不同的类别，那么就能够得出对于每

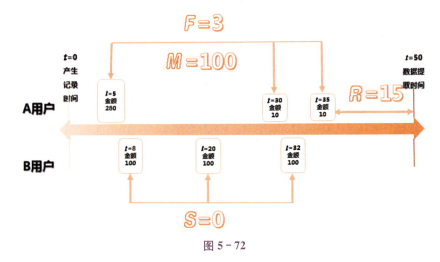

图 5-72

一个用户每一类行为的四个指标（见表 5-4）。

表 5-4

指标简称	指标定义
R	一年内用户最后一次产生某类行为距离提取数据的时间
F	用户在一年内产生某类行为的频数
M	用户在一年内产生某类行为的平均金额
S	一年内该类行为产生金额的标准差

用户行为类别

　　至于如何划分用户行为类别，就见仁见智了。此处，通过商户信息将用户行为分成如下类别：（1）借记类：刻画用户使用储蓄卡的交易行为。（2）消费类：刻画用户的日常消费行为。（3）信贷类：刻画用户之前的小额贷款类行为。（4）转账类：刻画用户的转账行为。（5）话费类：刻画用户的话费充值交易行为。（6）公缴类：刻画用户交水、电、煤气费等交易行为。（7）游戏类：刻画用户购买游戏点卡的行为。（8）四大行卡类：包括中国银行、中国农业银行、中国工商银行、中国建设银行。（9）中型银行卡类：包括招商银行、浦发银行、兴业银行、平安银行等。第（8）、（9）两个指标的设定有两方面原因：一是不同公司的工资卡不同，小型创业公司一般采用中型银行的银行卡；二是四大行的信用卡发放较为保守,所以能够申请到四大行信用卡的人可能和采用其他银行信用卡的用户群体不同。(10)白金及金卡类:通过卡标首可以对应到银行卡是属于哪家银行的哪种类型的卡,例如招商银行的金葵花卡。至此,就能够获得一共10类,每类4个指标,共计40个指标。一些主要的变量信息示例如表5-5所示。

表5-5　　　　　　　　　　　　主要的变量信息

变量名	详细说明	取值说明	备注
借贷比率	贷记与借贷和之比	0~1之间取值	案例数据 最大值为0.82
用户所有行为均值	用户所有交易均值	单位:元	中位数为23万元
用户所有行为最大值	用户所有交易最大值	单位:元	最大值为120万元
交易笔数	用户交易次数	整数	中位数为57
银行卡数	用户拥有的银行卡数目	整数	中位数为6
借记卡F	一年内借记卡交易频数	—	中位数为26
信贷R	一年内最后一次信贷行为截止数据获取日的时间	单位:天	中位数为155天
四大行M	一年内四大行交易平均金额	单位:元	中位数约为20万元

接下来看一些有代表性的描述性分析结果(见图5-73)。

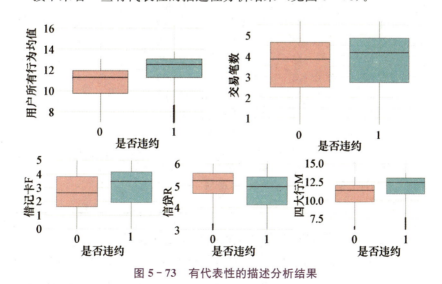

图5-73　有代表性的描述分析结果

从中能够得出一些结论：（1）交易笔数与是否违约：非违约用户与违约用户相比，交易笔数更高。（2）用户所有行为均值与是否违约：非违约用户与违约用户相比，所有行为金额的均值较高。（3）借记卡 F 与是否违约：非违约用户的借记卡 F 平均高于违约用户，表明非违约用户借记卡的使用频数更高。（4）信贷 R 与是否违约：非违约用户通过 APP 产生借贷行为距离现在的日期，相对于违约用户而言较近。（5）四大行 M 与是否违约：非违约用户的四大行卡的行为平均值较高，这说明非违约用户更多使用四大行的银行卡。

在描述性分析之后，将所有变量引入模型就可以做一个简单的逻辑回归，而通过 BIC 准则选变量则可以选出重要的变量。此处通过一个简单的回归结果表格（见表 5 - 6），来看一下 BIC 选出的重要变量有哪些。

表 5 - 6　　　　　　　　　　　　　　数据的具体描述

变量名	估计值	p 值	变量名	估计值	p 值
熊小贷得分	1.208	***	公缴 F	−0.339	***
借贷比率	0.568	***	转账 R	−0.310	***
用户所有行为均值	0.543	***	年龄	−0.307	***
借记卡 F	0.465	***	四大行 F	−0.229	***
交易笔数	0.336	***	中型 F	−0.190	***
四大行 M	0.316	***	中型 R	−0.185	***
借记卡 M	0.205	***	公缴 R	−0.170	***
转账 M	0.095	**	四大行 R	−0.164	***
中型 M	0.087	***	消费 F	−0.145	***
信贷 R	−0.539	***	公缴 M	−0.089	**
银行卡数	−0.462	***	金卡 F	−0.068	*
信贷 F	−0.408	***	信贷 S	−0.068	*
用户所有行为最大值	−0.375	***	游戏 M	−0.061	*
转账 F	−0.370	***			

通过进一步观察可以直观得出的结论包括但不限于：

（1）在其他变量控制不变的情况下，借贷比例越高的用户违约可能性越低，这与银行的信用卡额度提升相似，经常使用信用卡并按时还款的客户更有可能被银行认为信用良好，从而银行希望该用户提高信用额度，而如果不经常使用信用卡则无法判断。因此，借贷比例越高，表明用户越习惯使用信用卡，进一步越有可能是信用良好的用户。另一方面，用户申请银行的信用卡需要通过银行的信用评估，故有信用卡的用户与没有信用卡的用户有所不同。

（2）在其他变量保持不变的情况下，用户每一次交易行为的平均值越大，越可能是非违约用户。

（3）其他变量水平不变，银行卡数越多，越有可能是违约用户。

（4）保持其他变量不变，用户行为最大值越大，越可能是违约用户。这也验证了之前的结论，用户的极端行为越极端，越有可能是违约用户。

值得注意的是，以上结论只是针对使用这一家小额贷款公司的这一款产品的用户，并不具有在其他产品上推广的意义。通过这一模型的建立，在后续的预测中，能够将模型预测的准确度相对提高 16.6 个百分点。

温馨提醒：进入狗熊会公众号（CluBear）输入文字："互联网征信"，看小丫原文！

图书在版编目（CIP）数据

数据思维：从数据分析到商业价值/王汉生编著. —北京：中国人民大学出版社，2017.9

ISBN 978-7-300-24856-1

Ⅰ.①数… Ⅱ.①王… Ⅲ.①统计数据-统计分析-应用-商业经营-研究 Ⅳ.①F715

中国版本图书馆 CIP 数据核字（2017）第 199746 号

数据思维
——从数据分析到商业价值

王汉生 编著

Shuju Siwei

出版发行	中国人民大学出版社				
社　　址	北京中关村大街 31 号		**邮政编码**	100080	
电　　话	010 - 62511242（总编室）		010 - 62511770（质管部）		
	010 - 82501766（邮购部）		010 - 62514148（门市部）		
	010 - 62515195（发行公司）		010 - 62515275（盗版举报）		
网　　址	http://www.crup.com.cn				
经　　销	新华书店				
印　　刷	天津鑫丰华印务有限公司				
规　　格	170 mm×230 mm　16 开本		**版　　次**	2017 年 9 月第 1 版	
印　　张	18 插页 1		**印　　次**	2022 年 9 月第 15 次印刷	
字　　数	243 000		**定　　价**	69.00 元	

版权所有　侵权必究　印装差错　负责调换